Rainer B. Fladung

Spieltheorie und Kommunikationsnetzwerke in der Wirtschaft
Eine Studie zu spieltheoretischer Entwicklung und Evaluierung von Koordinationsdesigns für betriebliche Infrastrukturentscheidungen

Rainer B. Fladung

SPIELTHEORIE UND KOMMUNIKATIONSNETZWERKE IN DER WIRTSCHAFT

Eine Studie zu spieltheoretischer Entwicklung und Evaluierung von Koordinationsdesigns für betriebliche Infrastrukturentscheidungen

ibidem-Verlag
Stuttgart

Die Deutsche Bibliothek - CIP-Einheitsaufnahme:

Ein Titeldatensatz für diese Publikation ist bei
Der Deutschen Bibliothek erhältlich

∞

Gedruckt auf alterungsbeständigem, säurefreien Papier
Printed on acid-free paper

ISBN: 3-89821-217-3

Printed in Germany

GLIEDERUNG

Abbildungverzeichnis

Abkürzungsverzeichnis

ADB	Apple Desktop Bus
EANCOM	Europeen Article Numbering Communication Association
EDI	Electronic Data Interchange
EDIFACT	Electronic Data Interchange for Administration, Commerce, and Transport
EDV	Elektronische Datenverarbeitung
ERP	Enterprise Resource Planning
ISDN	Integrated Services Digital Network
IT	Information Technology
KMU	Klein- und mittelständige Unternehmen
ROI	Return On Investement
SEDAS	**S**tandardregeln **e**inheitlicher **D**atenaust**a**usch**s**ysteme
USB	Universal Serial Bus
VAN	Value Added Network
XML	Extensible Markup Language

Formelverzeichnis

Symbolverzeichnis

A^*	Gleichgewichtige Höhe der Kompensationszahlung im zwei Personen Netzwerk
A^H	Harmloser Newcomer
A^G	Gefährlicher Newcomer
A_{21}	Kompensationszahlung zwischen Akteur 2 und 1
BW_0	Barwert in Periode 0
c_{ij}	(Einsparbare) Informationskosten des i-ten Akteurs mit Teinehmer j
ε	Fehlerwahrscheinlichkeit bei Trambling-Hand-Perfektheit
ε_1	Schätzer des zweiten Akteurs, daß der erste Teilnehmer irrtümlicherweise suboptimal handelt
ε_2	Schätzer des ersten Akteurs, daß der zweite Teilnehmer irrtümlicherweise suboptimal handelt
$E(s_{ij})$	Erwartungswert des i-ten Spielers unter Strategie j
i	Index
j	Index
K_i	Standardisierungskosten des i-ten Akteurs
N	Menge von Netzteilnehmern {1,...,n}
n	Anzahl von Netzteilnehmern/Spielern
p_{ij}	Wahrscheinlichkeit für den Wegfall der Informationskosten c_{ij}
p^*_{ij}	Binärer Wahrscheinlichkeitswert {0,1} für den Wegfall der Informationskosten c_{ij}
$p(A^H)$	Wahrscheinlichkeit für einen harmlosen Newcomer
$p(A^G)$	Wahrscheinlichkeit für einen gefährlichen Newcomer
S	Strategieraum, Menge aller möglichen Strategiekombinationen
s_{ij}	Strategie j des i-ten Spielers
t_0	Periode 0

A. Einleitung

1. Problemformulierung

Moderne Informations- und Kommunikationssysteme ermöglichen den Unternehmen global Geschäftsbeziehungen zu schaffen, die in diesem Maße mit traditionellen Techniken wie Telefon oder Briefpost nicht getätigt werden könnten.[1] In manchen Branchen besteht sogar die zwingende Notwendigkeit der Implementation von elektronischen Schnittstellen, um als Geschäftspartner akzeptiert zu werden. In der Automobilindustrie bspw. sind EDI-Schnittstellen (Electronic Data Interchange) Voraussetzung für den Handel mit vor- oder nachgelagerten Unternehmen innerhalb der Wertschöpfungskette.[2] Die Techniken für die innerbetriebliche sowie zwischenbetriebliche Kommunikation stellen nur in den seltensten Fällen große Hindernisse dar.[3] Vielmehr ist es Hauptaufgabe des betrieblichen Informationsmanagements, bei Entscheidungen über die internen Systeme auf Kompatibilität zu den ERP-Systemen (Enterprise Resource Planning) der Geschäftspartner zu achten. Es entsteht dadurch ein Koordinationsproblem, sobald die Akteure in einem Netzwerk autonom über ihre IT-Infrastrukturen (Information Technology) entscheiden können.[4] In der Regel sind sowohl Kosten als auch Nutzen eines Kommunikationssystems nicht exakt quantifizierbar und fallen je nach Unternehmensstruktur in unterschiedlicher Höhe an.[5] Die Unsicherheit über das Verhalten der Kommunikationspartner und damit über die möglichen Einsparpotentiale infolge eines beidseitig implementierten IT-Standards

---

[1] Vgl. Picot, Arnold: Die Transformation der Wirtschaft in der Informationsgesellschaft, Frankfurter Allgemeine Zeitung, Nr. 46, 24. Februar 2000, S. 29.

[2] Vgl. o.V.: Internet-Techniken bringen Lieferanten auf Trab, Frankfurter Allgemeine Zeitung, Nr. 19, 24. Januar 2000, S. 27.

[3] Vgl. Buxmann, Peter/König, Wolfgang: Zwischenbetriebliche Kooperation auf Basis von SAP-Systemen, 1. Auflagen, Berlin; Heidelberg; New York 2000, S.5.

[4] Vgl. o.V.: Standards für Schnittstellen, Frankfurter Allgemeine Zeitung, Nr. 92, 21. April 1998, S. 20.

[5] Vgl. o.V.: E-Business-Projekte scheitern oft an der Messung des Erfolgs, Frankfurter Allgemeine Zeitung, Nr. 249, 26. Oktober 2000, S.31,
Schmidt, Holger: Die Spareffekte des Internet sind erst nach 5 Jahren sichtbar, Frankfurter Allgemeine Zeitung, Nr. 273, 23. November 2000, S. 30.

führen daher sehr oft zu einer abwartenden Haltung aller Entscheider, um nicht das Risiko einer Fehlinvestition allein tragen zu müssen.[6] Nicht selten rechnen Unternehmen gar nicht mit ausreichend hohen Rückzahlungen, die die Investition rentabel machen würden.[7] Für das Gesamtnetzwerk allerdings könnte es dennoch einen positiven Effekt haben, wenn auch dieser Partner ein entsprechend kompatibles System implementieren würde. Ohne wirksame Ausgleichsmechanismen würde folglich ein suboptimaler Standardisierungsgrad innerhalb des Netzes erreicht werden. Diese Situation wird in der Literatur auch als „Standardisierungslücke“ bezeichnet.[8] Sie ist dadurch gekennzeichnet, daß kollektive Effizienzpotentiale durch individuell rationale Entscheidungen nicht realisiert werden können. Diese Problematik tritt vornehmlich bei Netzeffektgütern auf, die dadurch gekennzeichnet sind, daß der Nutzen des Gutes stark von dessen Verbreitungsgrad abhängt.[9] Das eigene Verhalten wirkt sich daher stark auf die Entscheidungssituation der anderen Netzpartner aus und umgekehrt. Diese Interdependenz wird nur unzureichend durch die klassische, normative Entscheidungstheorie, die von ceteris paribus Annahmen ausgeht, berücksichtigt.[10] Ein allgemeineres Konzept, das Abhängigkeiten berücksichtigt, stellt die Spieltheorie dar. Sie bietet grundsätzlich die Möglichkeit einen Sachverhalt auf verschiedenen Abstraktionsebenen zu modellieren und Entscheidungsempfehlungen für die Akteure abzuleiten.[11] Weiterhin können mögliche Entscheidungskonstellationen bewertet und verglichen werden.

---

[6] Vgl. Buxmann, Peter/König, Wolfgang: Ein Entscheidungsmodell zur Standardisierung von Schnittstellen in betrieblichen Informationssystemen, online: http://caladan.wiwi.uni-frankfurt.de/pbuxmann/wi_stand/0423wi.htm, [Stand 19.11.2000].

[7] Vgl. Schmidt, Holger: Die Spareffekte des Internet sind erst nach 5 Jahren sichtbar, Frankfurter Allgemeine Zeitung, Nr. 273, 23. November 2000, S. 30.

[8] Vgl. Buxmann, Peter/König, Wolfgang: Ein Entscheidungsmodell zur Standardisierung von Schnittstellen in betrieblichen Informationssystemen, online: http://caladan.wiwi.uni-frankfurt.de/pbuxmann/wi_stand/0423wi.htm, [Stand 19.11.2000].

[9] Vgl. Shapiro, Carl/Varian, Hal R.: Information rules - A Strategic Guide to the Network Economy, 1. Auflage, Boston 1999, p. 13-15.

[10] Vgl. Regkugler, Heinz/Schindel, Volker: Entscheidungstheorie - Erklärung und Gestaltung betrieblicher Entscheidungen, 5. Auflage, München 1990, S.169.

[11] Vgl. Holler, Manfred/Illing, Gerhard: Einführung in die Spieltheorie, 4. Auflage, Berlin; Heidelberg; New York 2000, S.1.

Es lassen sich daher auch Auswirkungen, die sich aus unterschiedlichen Koordinationsdesigns ergeben, evaluieren.

2. Abgrenzung des Themas

Diese Untersuchung möchte unterschiedliche Situationen, in denen Akteure dezentral über Informations- und Kommunikationssysteme zu entscheiden haben, spieltheoretisch modellieren und geeignete Koordinationsdesigns im Falle eines suboptimalen Standardisierungsgrades entwickeln und evaluieren. Das von Buxmann, König, Weitzel entwickelte Standardisierungsmodell[12] mit zentraler Koordination wird nicht explizit erörtert, sondern es werden die sich daraus ableitbaren Ergebnisse verwendet. Die zentrale Fragestellung ist die globale Optimierung des Gesamtnetzes, wobei aggregierte Kosten und Nutzengrößen herangezogen werden. Für das Gesamtnetz stellt die zentrale Planung die *first best* Lösung dar, wenn man davon ausgeht, daß genug Rechenkapazität vorhanden ist (Komplexitätsproblem), die Durchsetzung mit keinen weiteren Kosten verbunden ist (Durchsetzungsproblem) und die zugrundeliegenden Daten wahrheitsgemäß ermittelt wurden (Datenproblem).[13] Die in dieser Untersuchung im Vordergrund stehende dezentrale Fragestelle ist die Suche nach dem individuellen Optimum aus der Sicht des einzelnen Akteurs. Es ist nicht mehr die netzweite Zielfunktion mit aggregierten Größen sondern das individuelle Optimierungskalkül von Interesse.

Es werden unterschiedliche Annahmen über die Informationsmenge der Beteiligten getroffen, wobei zunächst der Fall vollständiger Information betrachtet wird, d.h. jeder Entscheider kennt alle relevanten Fakten über die Partner im Netzwerk. Diese Annahme wird allerdings im Verlauf der Analyse aufgehoben und die Situation unvollständiger Information betrachtet. Weiterhin werden Konstellationen mit perfekter

---

[12] Vgl. Buxmann, Peter/König, Wolfgang/Weitzel, Tim/v. Westarp, Falk: The Standardization Problem in Networks, online: http://caladan.wiwi.uni-frankfurt.de/westarp/publ/frame/frame.pdf, [Stand 18.11.2000].

[13] Vgl. Buxmann, Peter/König, Wolfgang/Weitzel, Tim: Auswirkung alternativer Koordinationsmechanismen auf die Auswahl von Kommunikationsstandards, online: http://www.wiwi.uni-frankfurt.de/~tweitzel/paper/ZfB.pdf, [Stand 18.11.2000].

und imperfekter Information berücksichtigt und unterschiedliche Annahmen bezüglich der Beobachtbarkeit der vergangenen Entscheidungszüge der einzelnen Akteure getroffen.

Alle Analysen werden vor dem Hintergrund der Existenz eines Standards, der sich alternativ zu bereits bestehenden Kommunikationstechnologien versteht, durchgeführt. Es werden sowohl statische als auch dynamische Entscheidungssituationen mit Schwerpunkt auf letztere betrachtet.

3. Gang der Untersuchung

Die Untersuchung umfaßt fünf Kapitel, wobei die zwei einleitenden Kapitel zum besseren Verständnis die notwendigen Grundlagen bezüglich der Besonderheiten von Infrastrukturentscheidungen bei Informations- und Kommunikationssystemen einerseits, so wie spieltheoretische Konzepte anderseits behandeln. Im ersten Kapitel werden die Strukturen und Eigenschaften von Infrastrukturen besonders vor dem Hintergrund von standardisierten Techniken betrachtet. Diese Sichtweise verdeutlicht den Unterschied solcher Überlegungen zu anderen Entscheidungssituationen, bei denen keine Netzeffekte berücksichtigt werden müssen. Im Anschluß daran werden spieltheoretische Konzepte vorgestellt, die für die anschließende Analyse dieser Infrastrukturentscheidungen notwendig sind. Es werden dabei Grundbegriffe zu unterschiedlichen Informationsmengen und Spielformen erörtert und Lösungs- und Gleichgewichtskonzept für strategische Spiele behandelt. Weiterhin werden Beurteilungskriterien theoretisch beschrieben und somit eine hinreichend breite Grundlage für spieltheoretische Analysen von Infrastrukturentscheidungen bei Informations- und Kommunikationssystemen geschaffen.

Damit sind die Voraussetzungen für die Fragen der Übertragbarkeit der Spieltheorie auf Entscheidungssituationen für Informations- und Kommunikationsstandards gegeben. Zunächst sollen dann die der Standardisierungsproblematik zugrundeliegenden Parameter erörtert werden. Im Anschluß daran werden statische Entscheidungsszenarien mit zwei und *n* Personen behandelt, da sich die statische Betrachtung im Vergleich zur dynamischen Modellierung als weniger komplex erweist und somit einen geeigneten Einstieg darstellt. Die sich daran anknüpfende Analyse dynamischer Entscheidungsprozesse wird um die Annahmen sowohl perfekter und imperfekter als auch vollständiger und unvollständiger Information erweitert. In diesem Rahmen werden Netzwerke mit zwei und *n* Personen betrachtet.

Das vierte Kapitel behandelt Koordinationsdesigns bei asymmetrischer Nutzenverteilung für statische Situationen mit vollständiger und unvollständiger Information. Die Koordinationsdesigns sollen so gestaltet werden, daß Effizienzverluste durch dezentrale Koordination minimiert werden.

Den theoretischen Überlegungen und Analysen soll im letzten Kapitel eine empirische Studie unterlegt werden. Die Studie beinhaltet die derzeitige Kostensituation und Einsparpotentiale bezüglich des Einsatzes von EDI in einer Sparte der Konsumgüterbranche. Auf der Grundlage dieses Materials sollen die in dieser Untersuchung entwickelten Handlungsempfehlungen für die einzelnen Akteure empirisch unterlegt werden.

B. Hauptteil

1. Infrastrukturentscheidungen bei Informations- und Kommunikationssystemen

1.1 Grundstruktur

Die Kommunikation zwischen Unternehmen hat sich insbesondere durch leistungsfähige Netze und das Internet dahingehend geändert, daß Informationen zeitnah und weltweit ausgetauscht werden können.[14] Neue Geschäftskonzepte wie *Just-in-Time* wurden dadurch erst in der Breite möglich; sogar der temporäre Zusammenschuß von Unternehmen in Form eines virtuellen Unternehmens stellt technisch kein Problem dar.[15] Rechtliche Aspekte solcher Zusammenschlüsse sind dahingegen nicht hinreichend geklärt[16] und sollen im Rahmen dieser Untersuchung auch nicht diskutiert werden. Grundbaustein der Geschäftsbeziehungen bilden die einzelnen Systeme der Beteiligten und das jeweils zugrundeliegende Datennetz, das für den Transfer der Daten zuständig ist.[17] Durch die globale Präsenz und die niedrigen Kosten bei der Nutzung des Internets treten VAN (Value Added Networks), die von privaten Netzbetreibern vermietet werden, in den Hintergrund und geraten zunehmend unter Preisdruck.[18] Moderne Sicherheitssysteme und Verschlüsselungsalgorithmen schützen die Daten verläßlich vor fremden Zugriffen und lassen das Vertrauen in das Internet in

---

[14] Vgl. Buxmann, Peter/König, Wolfgang: Zwischenbetriebliche Kooperation auf Basis von SAP-Systemen, 1. Auflagen, Berlin; Heidelberg; New York 2000, S.1-8.

[15] Vgl. Hasenkamp, Ulrich/Stahlknecht, Peter: Einführung in die Wirtschaftsinformatik, 9. Auflage, Berlin; Heidelberg; New York 1999, S. 400-410.

[16] Vgl. o.V.: EU-Kommision will klare Regeln im Internet, Frankfurter Allgemeine Zeitung, Nr. 30, 5. Februar 1998, S.18.

[17] Vgl. Buxmann, Peter/König, Wolfgang/Weitzel, Tim/v. Westarp, Falk: The Standardization Problem in Networks, online: http://caladan.wiwi.uni-frankfurt.de/westarp/publ/frame/frame.pdf, [Stand 18.11.2000].

[18] Vgl. Buxmann, Peter/Kronenberg, Ralf/Ladner, Frank/Weitzel, Tim: Erfolgsfaktor Standard: Internet-basierte Kooperationen mit WebEDI und XML/EDI, online: http://caladan.wiwi.uni-frankfurt.de/IWI/projectb3/deu/publikat/artikelwebedi/index.html, [Stand 18.11.2000].

jüngster Zeit stetig wachsen.[19] Problematisch hingegen sind die einzelnen Systeme in den Unternehmen, die meistens derart konzipiert wurden, daß zwar innerhalb des Unternehmens Informationen effizient zur Verfügung stehen, da die Schnittstellen zu anderen ERP-Systemen, die eventuell nicht identisch mit den eigenen sind, meist aber nicht genügend bedacht wurden.[20] SAP versucht zur Zeit durch ihr neues Produkt mySAP.com diese Lücke zu schließen. Das weit verbreitete SAP/R3 System verfügt über EDI-Schnittstellen (Electronic Data Interchange) und proprietäre Schnittstellen zu anderen R3 Systemen.[21] Über iDOCs werden Dokumente in das System eingespeist, wobei eine Konvertierung nötig ist.[22] Ein einfacher Austausch ohne Abstimmung auf die jeweilige Datenformatierung ist leider nicht möglich. Bei der Wahl des eigenen Informations- und Kommunikationssystems ist es unabdingbar zu prüfen, welche Systeme die anderen Geschäftspartner einsetzen oder planen zu implementieren.[23] Bei der Vielzahl von Geschäftsbeziehungen, die ein Unternehmen pflegt, fällt diese Analyse sehr schwer. Zusätzlich kann man nicht absehen, welches System sich am Markt durchsetzen wird und wie sich die Partner verhalten.[24] Man ist auf Einschätzungen und Wahrscheinlichkeitswertungen angewiesen, um die Vorteilhaftigkeit eines eigenen Systems zu kalkulieren.

---

[19] Vgl. o.V.: Noch kein Standard für elektronische Zahlungssysteme - Gemeinsame Initiative SET von Mastercard und VISA mit guten Chancen, Frankfurter Allgemeine Zeitung, Nr. 300, 28. Dezember 1998, S.21.

[20] Vgl. Buxmann, Peter/u.a.: Entscheidung über betriebliche Standardsoftware - Die Migration des SAP-Systems bei der LSG, online: http://caladan.wiwi.uni-frankfurt.de/IWI/projectb3/deu/publikat/LSG/LSG.htm, [Stand 18.11.2000].

[21] Vgl. Buxmann, Peter/König, Wolfgang: Zwischenbetriebliche Kooperation auf Basis von SAP-Systemen, 1. Auflagen, Berlin; Heidelberg; New York 2000, S.35.

[22] Vgl. Buxmann, Peter/König, Wolfgang: Zwischenbetriebliche Kooperation auf Basis von SAP-Systemen, 1. Auflagen, Berlin; Heidelberg; New York 2000, S.95-96.

[23] Vgl. Buxmann, Peter: Standardisierung betrieblicher Informationssysteme, Diss. Frankfurt am Main, 1995, S.8.

[24] Vgl. Buxmann, Peter/König, Wolfgang/Weitzel, Tim: Auswirkung alternativer Koordinationsmechanismen auf die Auswahl von Kommunikationsstandards, online: http://www.wiwi.uni-frankfurt.de/~tweitzel/paper/ZfB.pdf, [Stand 18.11.2000].

1.2 Standardisierte Schnittstellen und Netzeffekte

Oft wird der Begriff „Standardisierung“ fälschlicherweise so aufgefaßt, daß jeder am Markt das gleiche System implementieren sollte, damit eine Kommunikation reibungslos stattfinden kann. Unter Standardisierung versteht man aber richtigerweise, daß die Kommunikationsschnittstellen kompatibel zueinander sind.[25] Diese Kompatibilität bezieht sich sowohl auf der Transportebene (physische Netze) wie auch auf semantischer Ebene der Daten.[26] Man kann zwar über das Internet eine EDI-kodierte Nachricht transportieren, dies nütz aber nichts, wenn der Sender die Nachricht nach dem X.12 Standard exportiert und der Empfänger eine andere Kodierung erwartet. Ein erfolgversprechendes Austauschformat könnte XML (Extensible Markup Language) werden, wenngleich auch hier wieder etliche Konsortien versuchen, ihre Vorlagen am Markt zu etablieren und dadurch wieder eine heterogene Systemlandschaft entstehen könnte.[27] Der Einsatz von kompatiblen Informations- und Kommunikationssystemen bringt nicht nur den Vorteil, daß man mit einer Vielzahl anderer Partner Daten austauschen kann (direkter Netzeffekt, Abbildung 1), sondern auch von einem breiten Angebot von Komplementärgütern bzw. Dienstleistungen profitieren kann (indirekter Netzeffekt).[28]

---

[25] Vgl. Buxmann, Peter: Standardisierung betrieblicher Informationssysteme, Diss. Frankfurt am Main, 1995, S.11-14.

[26] Vgl. Picot, Arnold: Die Bedeutung von Standards in der Internet-Ökonomie, Frankfurter Allgemeine Zeitung, Nr. 267, 16. November 2000, S. 30.

[27] Vgl. Buxmann, Peter/König, Wolfgang/Ladner, Frank/Weitzel, Tim: XML-Konzepte und Anwendungen der Extensible Markup Language, online: http://caladan.wiwi.uni-frankfurt.de/IWI/projectb3/deu/publikat/xml/index.htm, [Stand 18.11.2000].

[28] Vgl. Buxmann, Peter/König, Wolfgang/Weitzel, Tim: Auswirkung alternativer Koordinationsmechanismen auf die Auswahl von Kommunikationsstandards, online: http://www.wiwi.uni-frankfurt.de/~tweitzel/paper/ZfB.pdf, [Stand 18.11.2000].

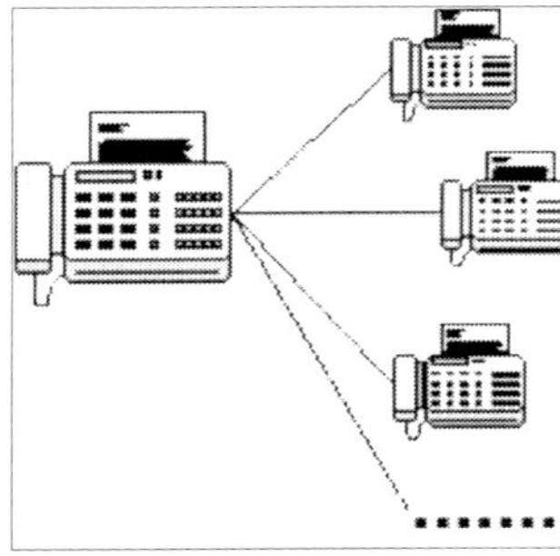

Abbildung 1 Direkter Netzeffekt am Beispiel des Faxgerätes

Ein Beispiel für indirekte Netzeffekte stellt das in Deutschland sehr weit verbreitete SAP/R3 System dar, das sich dadurch auszeichnet, daß es viele Dienstleister gibt, die die Implementierung und Wartung übernehmen können.

Im Gegensatz zu den positiven Netzeffekten sind allerdings auch negative Netzeffekte zu nennen, die sich daraus ergeben, daß sich eine suboptimale Technologie als Standard behauptet.[29] Das Wechseln auf die bessere Technik verursacht prohibitive Umstellungs- und Einführungskosten, so daß ein geeigneteres System keine Verbreitung findet und vom Markt verschwindet. Innovative Techniken haben so weniger Chancen, ihre hohen Entwicklungskosten, die im Zusammenhang mit Informations- und Kommunikationssystemen anfallen, wieder einzuspielen und werden so von den Softwarehäusern unter Umständen erst gar nicht entwickelt.[30]

Positive Netzeffekte lassen sich schwer quantifizieren und stellen daher ein Problem im Zuge eines Kosten/Nutzenkalküls dar. Da sich positive Effekte nur dann ergeben, wenn möglichst viele (potentielle) Geschäftspartner ebenfalls diese Technologie einsetzen, ist die eigene Entscheidung an das erwartete Verhalten der anderen gebun-

---

[29] Vgl. Liebowitz, Stan J./Margolis, Stephen E.: Winners, Losers & Microsoft, 1. Auflage, Oakland , California, 1999, pp.119-135.

[30] Vgl. Shapiro, Carl/Varian, Hal R.: Information rules - A Strategic Guide to the Network Economy, 1. Auflage, Boston 1999, p. 103-116.

den.[31] Es entsteht ein externer Effekt, der sich bei unvollkommener Information nicht sicher bestimmen läßt. Man kann allerdings Indikatoren zur Prognose der Intensität der Netzeffekte formulieren und versuchen diese abzuschätzen.[32]

1.3 Indikatoren zur Abschätzung von Netzeffekten

Die in diesem Kapitel erörterten Indikatoren beeinflussen die Erwartungen einzelner Wirtschaftssubjekte und wirken daher indirekt auf die Bildung eines Standardsystems am Markt. Die Einschätzung, wie stark die Netzeffekte im jeweiligen Verbund wirken, ist nicht nur von den jeweiligen Entscheidern innerhalb der Unternehmen abhängig. Es spielen auch Vermarktungsstrategien seitens der Systemhersteller eine wesentliche Rolle.[33] Ein gutes Beispiel hierfür ist der heutige Betriebssystemstandard für den Bereich der Officeanwendungen (Textverarbeitung und Tabellenkalkulation) Windows der Firma Microsoft, die in den frühen 80'er Jahren eine bessere Vermarktungsstrategie (Preispolitik, Kooperationen mit Hardwareherstellern) als ihr damaliger Konkurrent Apple einschlug und sich als Standardhersteller etablieren konnte.
Folgende Einflußfaktoren für die Entwicklung einer Technologie am Markt können unterschieden werden, wobei nur die wichtigsten hier erwähnt werden sollen:[34]

- Der Staat kann durch *rechtliche Vorschriften* den Einsatz von bestimmten Systemen erzwingen und damit die Entscheidung für alle Akteure übernehmen.
- Die *Beschaffenheit der Systeme* hat großen Einfluß auf die Verbreitung der Technologie. So wird ein oft implementiertes System weniger Wert auf herstellerunabhängige Schnittstellen legen, da der Nutzer schon von

---

[31] Vgl. Buxmann, Peter/König, Wolfgang/Weitzel, Tim: Auswirkung alternativer Koordinationsmechanismen auf die Auswahl von Kommunikationsstandards, online: http://www.wiwi.uni-frankfurt.de/~tweitzel/paper/ZfB.pdf, [Stand 18.11.2000].

[32] Vgl. Buxmann, Peter: Standardisierung betrieblicher Informationssysteme, Diss. Frankfurt am Main, 1995, S.21.

[33] Vgl. Shapiro, Carl/Varian, Hal R.: Information rules - A Strategic Guide to the Network Economy, 1. Auflage, Boston 1999, p. 11.

[34] Vgl. Buxmann, Peter: Standardisierung betrieblicher Informationssysteme, Diss. Frankfurt am Main, 1995, S.21-23.

der Masse der installierten Systeme (direkte Netzeffekt) profitiert. Systeme mit geringer Verbreitung sind daher öfters bemüht zu möglichst vielen Schnittstellen kompatibel zu sein. Ein aktuelles Beispiel hierfür ist das Betriebssystem MacOS der Firma Apple, welches mit einem Marktanteil von ca. 8% weltweit im Vergleich zu Windows eine Minderheit bildet.[35] Die im MacOS implementierten Schnittstellen ermöglichen den Zugriff auf sehr unterschiedliche Medienformate, wohingegen Windows ohne zusätzliche Dienstprogramme diese Kompatibilität nicht bietet.[36]

- Das *Kosten-Nutzen-Verhältnis* der zum System kompatiblen Produkte spielte eine wesentliche Rolle für die Verbreitung der Technologie. Hier sind sowohl eigene Zusatzprodukte wie auch Produkte anderer Hersteller relevant. Durch bspw. Apples Abkehr von der proprietären Schnittstelle ADB (Apple Desktop Bus) zu Gunsten der Standardschnittstelle USB (Universal Serial Bus) waren erheblich mehr Eingabegeräte zu deutlich geringeren Preisen erhältlich.[37] Diese Maßnahme war unter anderem mitverantwortlich für die Stabilisierung bzw. das Wachsen des Marktanteils dieses Systems.
- Ein im Zuge dieser Untersuchung sehr wichtiger Indikator zur Prognose der Netzeffekte und damit der Verbreitung einer Technologie ist die *Koordination* der Marktteilnehmer. Der Grad der Kommunikation und Abstimmung zwischen den Netzakteuren ist hier von zentraler Evidenz.[38]

---

35 Vgl. o.V.: Mac vs. PC, online: http://www.monkeybreadsoftware.de/christians-software/vergleich/vergleich.html, [Stand 19.11.2000].

36 Vgl. o.V.: Microsoft Windows 2000 Apple MacOS, online: http://www.ecliptic.ch/thu/Mac.html, [19.11.2000].

37 Vgl. o.V.: USB bei Apple, online: http://www.apple.com/de/usb/, [Stand 19.11.2000].

38 Vgl. Buxmann, Peter/König, Wolfgang/Weitzel, Tim: Auswirkung alternativer Koordinationsmechanismen auf die Auswahl von Kommunikationsstandards, online: http://www.wiwi.uni-frankfurt.de/~tweitzel/paper/ZfB.pdf, [Stand 18.11.2000].

Ein Markt, auf dem sich die Partner nur unzureichend über ihre Systeme absprechen, wird tendenziell eher inflexibel und bei einer gewählten Technologie verharren, auch wenn es für alle Beteiligten besser wäre, wenn auf ein neueres System umgestellt würde. Mit steigender Kommunikation und Abstimmung steigen allerdings auch die Koordinationskosten, die die Wirtschaftlichkeit der neuen Technologie wiederum schmälert. Es besteht ein Anreiz sich auch im Falle eines Koordinationsversuchs passiv zu Verhalten, um die Kosten für diesen zu vermeiden dennoch aber später von dem Ergebnis zu profitieren (Trittbrettfahrereffekt).[39]

Diese Indikatoren beeinflussen die Erwartungen der Akteure, die wiederum Grundlage für ihre Entscheidung sind. Es sind vielmehr diese Erwartungen, die ein System am Markt etablieren lassen als die technischen Grundlagen, die zwar mit eingehen, allerdings nicht ausschließlich determinierend wirken.[40]
Die wirtschaftlichen Vorteile des Einsatzes standardisierter Informations- und Kommunikationssysteme, die sich durch die oben genannten Indikatoren für die Erwartungsbildung herausgestellt haben, sind insofern problematisch zu ermitteln, als sie nicht als Zahlungsströme meßbar sind aber dennoch einer genaueren Untersuchung bedürfen.

---

39 Vgl. Holler, Manfred/Illing, Gerhard: Einführung in die Spieltheorie, 4. Auflage, Berlin; Heidelberg; New York 2000, S.8.

40 Vgl. Buxmann, Peter: Standardisierung betrieblicher Informationssysteme, Diss. Frankfurt am Main, 1995, S.23.

1.4 Vorteile durch den Einsatz standardisierter Systeme

Die Standardisierung von Systembestandteilen hat eine vereinfachte Informationsübertragung zum Ziel.[41] Da diese Vereinfachung nicht generell für jeden Bestandteil des Systems gelten kann, werden hier einige Einsparpotentiale genannt, die insbesondere bei den meisten Informations- und Kommunikationssystemen realisiert werden können.

1.4.1 Informationskostenreduktion

Informationskosten resultieren aus dem Bereitstellen und Abrufen von Informationen innerhalb eines betrieblichen Informationssystems. Diese Kosten können durch den Einsatz standardkonformer Techniken auf unterschiedliche Weise gesenkt werden. Wesentliche Ansatzpunkte können folgendermaßen unterschieden werden:

- Geschäftsdokumente können auf elektronischem Wege zwischen den Geschäftspartnern ausgetauscht werden (bspw. via EDI). So können Porto und Papier eingespart werden. Medienbrüche, die dadurch entstehen, daß das Dokument erneut digitalisiert werden muß, werden vermieden, so daß potentielle Fehlerquellen durch die manuelle Bearbeitung ausgeschlossen werden.[42]
- Der interne Workflow wird durch ein digitales System beschleunigt, so daß ein kontinuierlicher Fluß entlang der Wertschöpfungskette realisiert werden kann. Ressourcen können so besser eingesetzt werden und eine gleichmäßige Verteilung der Prozesse kann so einfacher und effizient gestaltet werden (weniger Engpässe).[43]

---

41 Vgl. Buxmann, Peter: Standardisierung betrieblicher Informationssysteme, Diss. Frankfurt am Main, 1995, S.28.

42 Vgl. Buxmann, Peter/König, Wolfgang/Ladner, Frank/Weitzel, Tim: XML-Konzepte und Anwendungen der Extensible Markup Language, online: http://caladan.wiwi.uni-frankfurt.de/IWI/projectb3/deu/publikat/xml/index.htm, [Stand 18.11.2000].

43 Vgl. Buxmann, Peter: Standardisierung betrieblicher Informationssysteme, Diss. Frankfurt am Main, 1995, S.23.

- Mitarbeiter werden von einfachen manuellen Tätigkeiten wie das Eingeben von Daten entlastet und können ihre Arbeitskraft ihren originären Tätigkeiten widmen.[44]

Neben der Reduktion der Informationskosten können allerdings auch zusätzliche Kosten entstehen, die durch die neuen Informationssysteme verursacht wurden. Die Nutzung von öffentlichen Datennetzen wie das Telefonnetz ist hierfür ein Beispiel. Ein Informations- und Kommunikationssystem verringert Informationskosten nur dann, wenn die Einsparpotentiale ihrer Einführung über ihren Kosten liegen.[45]

1.4.2 Informationswerterhöhung

Neben der Reduktion von Informationskosten kann durch ein standardisiertes System auch der Informationswert gesteigert werden, d.h. die einer Entscheidung zugrundeliegenden Informationen sind von besserer Qualität bzw. es sind mehr Informationen abrufbar. Diese Steigerung kann als Differenz zwischen dem erwarteten Gewinn bei Entscheidung ohne Zusatzinformation und dem erwarteten Gewinn bei Entscheidung mit Zusatzinformation quantifiziert werden.[46]

Ein gutes Beispiel ist die Nutzung des Directory Service X.500 der Firma Siemens, das in einer Studie als elektronisches Telefonbuch in einem Firmennetz von fünf unterschiedlich großen Finanzdienstleistern einen erheblichen Einfluß auf die Qualität der verfügbaren Telefonnummern hatte.[47]

---

[44] Vgl. Buxmann, Peter: Standardisierung betrieblicher Informationssysteme, Diss. Frankfurt am Main, 1995, S.23.

[45] Vgl. Buxmann, Peter/König, Wolfgang: Ein Entscheidungsmodell zur Standardisierung von Schnittstellen in betrieblichen Informationssystemen, online: http://caladan.wiwi.uni-frankfurt.de/pbuxmann/wi_stand/0423wi.htm, [Stand 19.11.2000].

[46] Vgl. Buxmann, Peter: Standardisierung betrieblicher Informationssysteme, Diss. Frankfurt am Main, 1995, S.23.

[47] Vgl. Buxmann, Peter/König, Wolfgang/Son, Sertac/v. Westarp, Falk: Wirtschaftlichkeitsanalyse von Kommunikationsstandards - eine Fallstudie am Beispiel von X.500 Directory Services mit der Siemens AG, SFB 403 AB-00-05.

1.5 Nachteile durch den Einsatz standardisierter Systeme

Die Kosten für die Implementierung eines standardisierten Systems, die als Standardisierungskosten bezeichnet werden, sind neben den oben beschriebenen Vorteilen ebenfalls zu berücksichtigen. Es fallen hierbei insbesondere Kosten für Hardware, Software, Installation und Wartung des Systems an, wobei bei den meisten Systemen die Wartung die höchsten Kosten verursacht. Weniger gut bestimmbar sind die Opportunitätskosten, die dadurch entstehen, daß Mitarbeiter die Nutzung eines neuen Systems erlernen.[48]

48 Vgl. Buxmann, Peter: Standardisierung betrieblicher Informationssysteme, Diss. Frankfurt am Main, 1995, S.33.

2. Spieltheoretische Grundlagen

2.1 Spieltheorie als geeignete Formalisierung von Infrastrukturentscheidungen

Wie in Kapitel 1 dargestellt wurde, ist die Vorteilhaftigkeit von Informations- und Kommunikationssystemen stark von dem Verhalten der anderen Netzpartner abhängig. Die klassische Entscheidungstheorie, die weniger auf Interaktivität ausgerichtet ist, muß daher durch Konzepte erweitert werden, die diese Abhängigkeit hinreichend berücksichtigen.[49] Die Spieltheorie liefert dahingehend ein reichhaltiges Instrumentarium, um solche Situationen adäquat darzustellen und zu analysieren. Es werden strategische Entscheidungssituationen berücksichtigt, die durch folgende Eigenschaften charakterisiert werden können:[50]

1. Das Ergebnis der Entscheidung ist von dem Verhalten mehrerer, nicht direkt an der Entscheidung beteiligter Personen abhängig, so daß das Ergebnis von der Wahl der anderen beeinflußt wird.
2. Alle Personen, die in solchen Entscheidungsprozessen involviert sind, sind sich der Interdependenz bewußt.
3. Jeder Entscheidungsträger rechnet damit, daß alle anderen Teilnehmer diese Interdependenz in ihrer Entscheidung berücksichtigen.

Diese Eigenschaften führen dazu, daß Interessenskonflikte und Koordinationsprobleme für strategische Entscheidungssituationen typisch sind. Die Spieltheorie liefert eine abstrakte, formale Sprache, um diese Konflikte aufzuzeigen und mögliche Lösungen zu evaluieren.[51] Sie scheint daher ideal geeignet, die Probleme infolge dezentral koordinierter Infrastrukturentscheidungen zu beschreiben und Lösungsansätze zu bewerten. Durch ihren allgemeinen Charakter ist sie allerdings auch für viele andere

---

[49] Vgl. Schneck, Ottma: Lexikon der Betriebswirtschaft, 4. Auflage, München 2000, S. 865.

[50] Vgl. Holler, Manfred/Illing, Gerhard: Einführung in die Spieltheorie, 4. Auflage, Berlin; Heidelberg; New York 2000, S.1.

[51] Vgl. Feess, Eberhard: Mikroökonomie - Eine spieltheoretisch- und anwendungsorientierte Einführung, 2. Auflage, Marburg 2000, S.42-43.

ökonomische Fragestellungen einsetzbar und nicht nur auf den hier zu diskutierenden Problemkreis begrenzt.

2.2 Grundbegriffe

Die Spieltheorie bedient sich verschiedener Begriffe, die zunächst näher beschrieben werden sollen. Sie bilden die Grundbausteine der Theorie und sollten für das bessere Verständnis der späteren Kapitel an dieser Stelle erwähnt werden. Es werden nur die in dieser Untersuchung relevanten Begriffe aufgeführt. Dazu gehören eine Unterscheidung und Abgrenzung der unterschiedlichen Spielformen und die verschiedenen Informationsmengenbezeichnungen.[52] Weiterhin sollen Lösungskonzepte und Gleichgewichtskonzepte behandelt werden. Dem Namen gerecht werdend, sind die Aktionspartner bzw. Entscheidungsträger oft als Spieler bezeichnet, was weitestgehend auch in dieser Untersuchung beibehalten wird.

2.2.1 Informationsmengen

Die Wahl der Darstellung und die daraus resultierenden Methoden zur Bestimmung der Gleichgewichte ist stark davon abhängig, welchen Grad der Informationsverteilung man der Untersuchung zugrunde gelegt.[53] Die Spieltheorie stellt sowohl für symmetrische als auch asymmetrische Informationsverteilungen geeignete Methoden zur Analyse bereit. Sie bedient sich allerdings eigener Begriffe, die in diesem Unterkapitel erläutert werden sollen.

---

[52] Vgl. Schaeffer, Jonathan/Simon, Herbert S.: The Game of Chess, in: Aumann, Robert J./Hart, Sergiu: Handbook of Game Theory, Volume 1, 1. Auflage, Amsterdam 1992, pp.1-18.

[53] Vgl. Güth, Werner: Spieltheorie und ökonomische (Bei)Spiele, Berlin; Heidelberg; New York 1999, S.1-4.

2.2.1.1 Vollständige Information

Unter Entscheidungssituationen bei vollständiger Information versteht man, daß alle Spieler vor ihrer Entscheidung alle relevanten Fakten wahrheitsgemäß kennen.[54] Das schließt mögliche Informationen über die anderen Akteure mit ein und stellt daher eine sehr restriktive Annahme dar, die in den meisten Fällen nicht mit realen Situationen in Einklang gebracht werden kann. Dennoch ist die Analyse solcher Spiele für die Grund- und Gleichgewichtskonzepte gut geeignet und liefert die Basis komplexerer Fragestellungen.

2.2.1.2 Unvollständige Information

Bei unvollständiger Information geht man davon aus, daß die Spieler nicht alle relevanten Fakten im Vorfeld kennen und gezwungen sind, sich Wahrscheinlichkeitsurteile über unbekannte Informationen zu bilden.[55] Diese Einschätzungen sind hier von hoher Bedeutung, da bei schlechter Schätzung eine eventuell ungünstige Entscheidung getroffen wird. An dieser Stelle werden auf Schätzer bzw. Methoden zur Erwartungswertbildung der klassischen Entscheidungstheorie zurückgegriffen.[56]

2.2.1.3 Perfekte Information

Ein Spiel mit perfekter Information liegt dann vor, wenn allen Spielern die vergangenen Züge der Mitspieler bekannt sind.[57] Wenn dieses Wissen im Laufe des Entscheidungsprozesses nicht verloren geht, spricht man von einem Spiel mit perfekter In-

---

[54] Vgl. Holler, Manfred/Illing, Gerhard: Einführung in die Spieltheorie, 4. Auflage, Berlin; Heidelberg; New York 2000, S.42.

[55] Vgl. Feess, Eberhard: Mikroökonomie - Eine spieltheoretisch- und anwendungsorientierte Einführung, 2. Auflage, Marburg 2000, S.625.

[56] Vgl. Buxmann, Peter/König, Wolfgang/Weitzel, Tim: Auswirkung alternativer Koordinationsmechanismen auf die Auswahl von Kommunikationsstandards, online: http://www.wiwi.uni-frankfurt.de/~tweitzel/paper/ZfB.pdf, [Stand 18.11.2000].

[57] Vgl. Mycielski, Jan: Games with Perfect Information, in: Aumann, Robert J./Hart, Sergiu: Handbook of Game Theory, Volume 1, 1. Auflage, Amsterdam 1992, pp.41-43.

formation und perfektem Erinnerungsvermögen (Perfect Recall).[58] Diese Annahme wird weitestgehend, sofern keine gesonderte Angabe gemacht wird, für alle Analysen in dieser Untersuchung unterstellt.

2.2.1.4 Imperfekte Information

Spiele mit imperfekter Information, d.h. die Spieler können die Entscheidungen der anderen Akteure nicht beobachten, werden in der ökonomischen Theorie häufig auch als "Hidden Action" bezeichnet.[59] Es wird versucht, Informationsvorteile zum eigenen Vorteil auszunutzen. Dies führt i.d.R. dazu, daß das Ergebnis für die Beteiligten im Vergleich zur Situation mit perfekter Information suboptimal ausfällt. In diesem Zusammenhang spricht man auch von "Moral Hazard".[60]

2.2.2 Spielformen

Spielformen stellen eine Möglichkeit dar, Situationen strukturiert darzustellen und alle relevanten und bekannten Informationen übersichtlich aufzuzeigen. Ein Spiel ist durch folgende Elemente vollständig gekennzeichnet:[61]

Die Menge der Spieler $N=\{1,...,n\}$ ist bekannt

Ein Strategieraum S, der die Menge aller möglichen Strategiekombinationen $s=(s_1,...,s_i,...,s_n)$ wiedergibt, existiert.

Die Spielregeln, welche dem Spiel zugrunde liegen, sind bekannt.

Da in dieser Untersuchung nur monetäre Größen als Ergebnismengen betrachtet werden, müssen keine Annahmen bezüglich der individuellen Nutzenfunktionen der

---

58 Vgl. Holler, Manfred/Illing, Gerhard: Einführung in die Spieltheorie, 4. Auflage, Berlin; Heidelberg; New York 2000, S.42-45.

59 Vgl. Feess, Eberhard: Mikroökonomie - Eine spieltheoretisch- und anwendungsorientierte Einführung, 2. Auflage, Marburg 2000, S.579-582.

60 Vgl. Varian, Hal R.: Grundzüge der Mikroökonomie (Intermediate Microeconomics). Deutsche Übersetzung der 2. Auflage von Reiner Buchegger, München; Wien; Oldenburg 1991, S. 570-573.

61 Vgl. Holler, Manfred/Illing, Gerhard: Einführung in die Spieltheorie, 4. Auflage, Berlin; Heidelberg; New York 2000, S.4.

Spieler gemacht werden. Es wird für alle Spieler unterstellt, daß als Zielfunktion entweder Kostenminimierung oder Gewinnmaximierung gilt.

2.2.2.1 Strategische Form

Die Darstellung eines Spiels in strategischer Form wird allgemein auch als Matrixform oder Normalform bezeichnet.[62] Es werden alle Strategien eines Spielers denen des anderen Spielers in Form einer Matrix gegenübergestellt.[63] Es kann so ein Spiel mit beliebig vielen Strategien aber mit nur zwei Spielern analysiert werden. Folgendes Beispiel soll ein Spiel in Normalform verdeutlichen.

	Spieler 2	
Spieler 1	s_{21}	s_{22}
s_{11}	(10/20)	(2/2)
s_{12}	(4/15)	(7/8)

Abbildung 2 Spieltableau in Normalform

Spieler 1 besitzt in Abbildung 2 die Alternativen s_{11} und s_{12} und Spieler 2 kann zwischen den Strategien s_{21} und s_{22} wählen. Allgemein gilt, daß s_{ij} eine mögliche Strategie j des Spielers i bezeichnet.

Der erste Wert innerhalb einer Parzelle der Ergebnismatrix gibt die Auszahlung bzw. die Kosten des ersten Spielers an, wenn die Akteure die entsprechenden Strategien auswählen. Spieler 1 kann bspw. mit einer Auszahlung von 10 rechnen, wenn beide Spieler Strategie 1 bevorzugen würden. In diesem Fall erhält Spieler 2 einen Ergebniswert von 20.

---

[62] Vgl. Güth, Werner: Spieltheorie und ökonomische (Bei)Spiele, Berlin; Heidelberg; New York 1999, S.152-160.

[63] Vgl. Morgenstern, Oskar/v. Neumann, John: Spieltheorie und wirtschaftliches Verhalten (Theory of Games and Economic Behavior). Deutsche Übersetzung der 3. Auflage von M. Leppig, Würzburg 1967, S.46-48.

Diese Spielform läßt sich sowohl bei statischen als auch dynamischen Spielen anwenden, solang nur zwei Akteure beteiligt sind.[64] Die dynamische Modellierung in Normalform sollte allerdings aus der extensiven Spielform[65] abgeleitet werden.

2.2.2.2 Extensive Form

Die Darstellung in extensiver Form ist für Situationen mit dynamischem bzw. sequentiellem Charakter geeignet und erlaubt die Modellierung von Mehrpersonenspielen, in denen die Spieler entweder nacheinander oder simultan über ihre Strategien entscheiden.[66] Auch mehrfache Strategiewahl eines Akteurs läßt sich mit Hilfe der extensiven Form beschreiben.[67]
Üblicherweise wird ein dynamisches Spiel in einem Spielbaum beschrieben, wobei jede Gabelung eine potentielle Entscheidungssituation darstellt.[68]

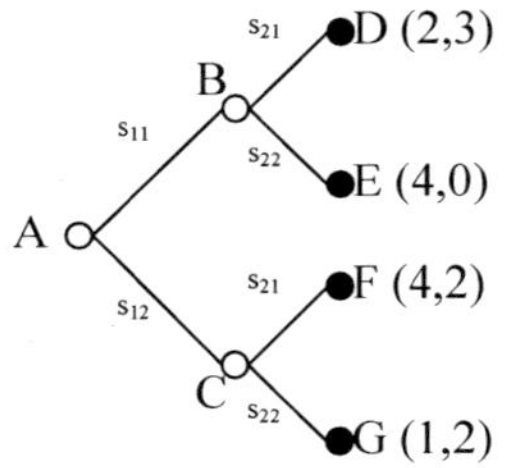

Abbildung 3 Spiel in extensiver Form mit perfekter Information

---

[64] Vgl. Holler, Manfred/Illing, Gerhard: Einführung in die Spieltheorie, 4. Auflage, Berlin; Heidelberg; New York 2000, S.14.

[65] Vgl. Feess, Eberhard: Mikroökonomie - Eine spieltheoretisch- und anwendungsorientierte Einführung, 2. Auflage, Marburg 2000, S.384-391.

[66] Vgl. Luce, R. Duncan/Raiffa, Howard: Games and Decicions, 1. Auflage, New York, 1957, pp. 39-44.

[67] Vgl. Hart, Sergiu: Games in Extensive and Strategic Form, in: Aumann, Robert J./Hart, Sergiu: Handbook of Game Theory, Volume 1, 1. Auflage, Amsterdam 1992, pp. 20-25.

[68] Vgl. Varian, Hal R.: Grundzüge der Mikroökonomie (Intermediate Microeconomics). Deutsche Übersetzung der 2. Auflage von Reiner Buchegger, München; Wien; Oldenburg 1991, S. 452-454.

In Abbildung 3 hat der erste Spieler die Wahl zwischen zwei Strategien (s_{11} und s_{12}). Je nachdem wie er sich entscheidet, bildet Knoten B oder C die Ausgangslage für die anschließende Entscheidung von Spieler 2.

Diese Darstellung beschreibt ein Spiel mit perfekter Information, da Spieler 2 die Wahl des ersten Akteurs beobachten kann und weiß, in welchem Knoten er sich befindet. Möchte man allerdings eine Situation mit imperfekter Information, d.h. der zweite Spieler kann die Entscheidung des ersten Spielers nicht erkennen, beschreiben, so markiert man die Knoten, die für den Spieler nicht unterscheidbar sind mit einer gestrichelten Linie (Abbildung 4).[69]

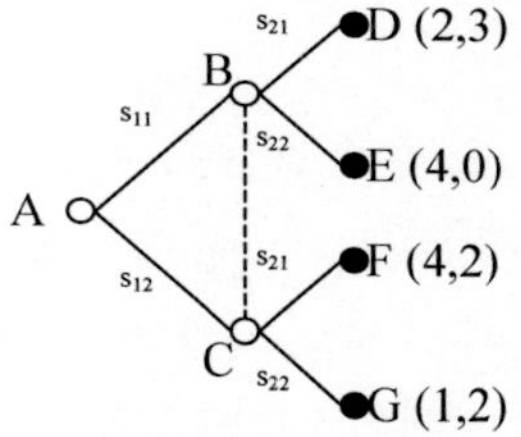

Abbildung 4 Spiel in extensiver Form mit imperfekter Information

Spieler 2 kann nun nicht mit Sicherheit bestimmen, ob er sich in Knoten B oder C befindet.

Die hier beispielhaft beschriebenen Spiele in extensiver Form zeigen Situationen, in denen ausschließlich zwei Akteure agieren. Sind mehr als zwei Spieler involviert, kann der Baum an den Enden beliebig erweitert werden und stellt daher keine Einschränkung für die Spielform dar.[70]

Spiele in dynamischer Form können grundsätzlich in strategische Form gebracht werden, um die einfacheren Gleichgewichtsmethoden für statische Analysen anwen-

69 Vgl. Holler, Manfred/Illing, Gerhard: Einführung in die Spieltheorie, 4. Auflage, Berlin; Heidelberg; New York 2000, S.12-17.

70 Vgl. Güth, Werner: Spieltheorie und ökonomische (Bei)Spiele, Berlin; Heidelberg; New York 1999, S.47-49.

den zu können. Man bezeichnet eine solche Darstellung auch als reduzierte Form (Abbildung 5).[71]

	Spieler 2			
Spieler 1	s_{21}/s_{11} s_{21}/s_{12}	s_{21}/s_{11} s_{22}/s_{12}	s_{22}/s_{11} s_{21}/s_{12}	s_{22}/s_{11} s_{22}/s_{12}
s_{11}	(2,3)	(2,3)	(4,0)	(4,0)
s_{12}	(4,2)	(1,2)	(4,2)	(1,2)

Abbildung 5 Dynamisches Spiel mit perfekter Information in reduzierter Form

Um die reduzierte Form zu erhalten, müssen die Strategien des zweiten Spielers in Abhängigkeit von der Entscheidung des ersten Spielers erweitert werden. Abbildung 5 zeigt die reduzierte Form des Spiels aus Abbildung 3 mit perfekter Information. Spiele mit imperfekter Information sind leichter in reduzierter Form darstellbar, da die Strategiewahl des zweiten Spielers nicht von der (unbekannten) Auswahl des ersten Spielers abhängig ist (Abbildung 6).[72]

	Spieler 2	
Spieler 1	s_{21}	s_{22}
s_{11}	(2,3)	(4,0)
s_{12}	(4,2)	(1,2)

Abbildung 6 Dynamisches Spiel mit imperfekter Information in reduzierter Form

Das dynamische Zweipersonenspiel mit imperfekter Information ist demnach mit dem statischen Zweipersonenspiel identisch. Diese Eigenschaft kann man dahingehend nutzen, statische Spiele mit mehr als zwei Personen adäquat in Form eines Spielbaums mit imperfekter Information darzustellen.

---

[71] Vgl. Holler, Manfred/Illing, Gerhard: Einführung in die Spieltheorie, 4. Auflage, Berlin; Heidelberg; New York 2000, S.15.

2.2.3 Koordinationsformen

Die Koordinationsform eines Spiels gibt an, wie die Akteure untereinander in Beziehung stehen, d.h. welchen Zwängen die Spieler ausgesetzt sind. So unterscheidet man in der spieltheoretischen Analyse zwischen kooperativen und nicht-kooperativen Spielen.[73]

2.2.3.1 Kooperative Spiele

Ein Kooperatives Spiel liegt dann vor, wenn es einen bindenden Vertrag zwischen den Akteuren gibt, der festlegt, welche Strategie wie geahndet wird.[74] Wichtig an dieser Stelle ist, daß der Vertag auch durch eine dritte Partei durchgesetzt werden kann.[75] Ein Beispiel für ein kooperatives Spiel stellt das tägliche Autofahren dar. Die StVO ist das Regelwerk, das Strafen für widerrechtliches Verhalten festlegt. Der Staat in Form der Polizei stellt sicher, daß diese Regeln auch eingehalten werden und Verstöße geahndet werden. Kooperative Spiele sind allerdings nicht auf das öffentliche Recht beschränkt. Verträge zwischen Privatpersonen stellen ebenso Regelwerke dar, deren Einhaltung über Gerichte eingeklagt werden kann.

2.2.3.2 Nicht-kooperative Spiele

Im Gegensatz zu kooperativen Spielen handeln die Spieler bei nicht-kooperativen Spielen ausschließlich nach ihrem Eigeninteresse ohne Externalität.[76] Es existieren keine bindenden Verträge, so daß jeder Spieler nur gemäß seiner Zielfunktion ohne

---

[72] Vgl. Holler, Manfred/Illing, Gerhard: Einführung in die Spieltheorie, 4. Auflage, Berlin; Heidelberg; New York 2000, S.17.

[73] Vgl. Luce, R. Duncan/Raiffa, Howard: Games and Decicions, 1. Auflage, New York, 1957, pp. 88-155.

[74] Vgl. Güth, Werner: Spieltheorie und ökonomische (Bei)Spiele, Berlin; Heidelberg; New York 1999, S.215.

[75] Vgl. Holler, Manfred/Illing, Gerhard: Einführung in die Spieltheorie, 4. Auflage, Berlin; Heidelberg; New York 2000, S.23.

[76] Vgl. Holler, Manfred/Illing, Gerhard: Einführung in die Spieltheorie, 4. Auflage, Berlin; Heidelberg; New York 2000, S.23-25.

Nebenbedingungen in Form eines Vertrages handelt. Ein Gleichgewicht muß demnach so gestaltet sein, daß jeder Spieler gemäß seines individuellen Eigeninteresses keinen Anreiz hat von der Lösung abzuweichen. Nicht-kooperative Spiele führen meistens zu pareto-ineffizienten Gleichgewichten, da sich die Akteure nur nach ihrem individuellen Nutzen richten und befürchten müssen, daß die anderen Spieler sich ebenso verhalten.[77] Absprachen sind bei nicht-kooperativen Spielen zwar prinzipiell möglich, bleiben allerdings ohne Effekt, solange sie nicht durchsetzbar sind.[78]

2.3 Lösungs- und Gleichgewichtskonzepte

Das letzte Kapitel beschäftigte sich mit den grundlegenden Begriffen der Spieltheorie und adäquaten Darstellungsformen von Spielen. Die weitere Aufgabe der Spieltheorie ist es allerdings, Lösungen bzw. Gleichgewichtssituationen für unterschiedliche Spiele zu bestimmen.[79] Es ist hierbei notwendig, eine genaue Differenzierung nach der Spiel- und Koordinationsform durchzuführen. Da in dieser Untersuchung insbesondere nicht-kooperatives Verhalten analysiert werden soll, werden im folgenden überwiegend Gleichgewichtskonzepte für statische und dynamische Spielsituationen für solches Verhalten erörtert.

2.3.1 Dominante und dominierte Strategien

Eine dominante Strategie zeichnet sich dadurch aus, daß sie, egal welche Strategie die anderen Spieler wählen, immer einen höheren Nutzen als alle anderen Strategien stiftet.[80] Die anderen Strategien sind in einem solchen Fall dominierte Strategien. Der

---

77 Vgl. Luce, R. Duncan/Raiffa, Howard: Games and Decicions, 1. Auflage, New York, 1957, pp. 110-114.

78 Vgl. Dixit, Avinash K./Nalebuff, Barry J.: Spieltheorie für Einsteiger (Thinking Strategically. The Competitive Edge in Business, Politics, and Everyday Life). Deutsche Übersetzung der 1. Auflage von Christian Schütte, Stuttgart, 1995, S.217-219.

79 Vgl. Feess, Eberhard: Mikroökonomie - Eine spieltheoretisch- und anwendungsorientierte Einführung, 2. Auflage, Marburg 2000, S.42-43.

80 Vgl. Holler, Manfred/Illing, Gerhard: Einführung in die Spieltheorie, 4. Auflage, Berlin; Heidelberg; New York 2000, S.5-7.

Spieler sollte in diesem Fall seine dominante Strategie wählen, da er sich nicht durch abweichendes Verhalten verbessern kann.[81]

	Spieler 2		
Spieler 1	s_{21}	s_{22}	s_{23}
s_{11}	(2,3)	(5,6)	(1,4)
s_{12}	(3,2)	(2,4)	(2,3)

Abbildung 7 Gleichgewicht bei dominanter Strategie

Abbildung 7 zeigt ein Spiel, in dem Spieler 1 zwischen zwei Handlungsalternativen (s_{11} und s_{12}) wählen kann; Spieler 2 hat drei Alternativen (s_{21},s_{22},s_{23}) zur Auswahl. Betrachtet man die Auszahlungen, die in diesem Beispiel für beide Spieler maximiert werden sollen, dann erkennt man, daß Spieler 2 eine dominante Strategie in s_{22} aufweist, d.h. er kann sich durch abweichendes Verhalten nicht verbessern, egal welche Wahl Spieler 1 trifft. Man kann auch erkennen, daß seine erste Handlungsalternative s_{21} nicht nur von s_{22} sondern auch von s_{23} dominiert wird.

Es ist also auch möglich, daß ein Spiel dominierte Strategien beinhaltet, ohne daß eine dominante Strategie existiert. Spieler 1 erkennt, daß Spieler 2 seine dominante Strategie wählen wird und trifft seinerseits die Wahl für s_{11}, da er damit eine größere Auszahlung erwarten kann (5>2). Das Gleichgewicht in diesem Spiel lautet (s_{11},s_{22}) und die Auszahlungen betragen für Spieler 1 5 Einheiten und für Spieler 2 6 Einheiten.

Dominante Strategien führen zu einer schnellen Lösung und sind daher ein bevorzugtes Mittel zur Bestimmung von Gleichgewichten. Nicht jedes Spiel hat aber dominante Strategien und kann auf solch einfache Weise gelöst werden.

---

[81] Vgl. Morgenstern, Oskar/v. Neumann, John: Spieltheorie und wirtschaftliches Verhalten (Theory of Games and Economic Behavior). Deutsche Übersetzung der 3. Auflage von M. Leppig, Würzburg 1967, S.37-38.

2.3.2 Nash-Gleichgewicht

Sind in einem Spiel keine dominanten Strategien erkennbar, können Gleichgewichte mit Hilfe des Kriteriums nach Nash gefunden werden.[82] Nash-Gleichgewichte sind dadurch gekennzeichnet, daß kein Spieler einen Anreiz hat, von seiner Strategie abzuweichen, vorausgesetzt, der andere Spieler bleibt bei seiner Strategie. Man kann es auch als das Spielen wechselseitig bester Antworten bezeichnen.[83] Auf diese Art kann ein Spiel allerdings mehrere Gleichgewichte aufweisen, wobei die Definition des Nash-Gleichgewichts kein Auswahlkriterium liefert. Das Kaldor-Hicks-Kriterium soll hier eine relativ einfache Regel zur Auswahl eines optimalen Gleichgewichts bieten, wobei keineswegs gesagt wird, daß auch dieses Gleichgewicht realisiert wird.[84] Da das Nash-Gleichgewicht sowohl für statische als auch für dynamische Spiele anwendbar ist, sollen in diesem Kapitel beide Fälle mit ihren Besonderheiten beschrieben werden.

2.3.2.1 Nash-Gleichgewichte bei statischen Spielen

Geht man davon aus, daß alle Spieler vollständig über die Spielsituation informiert sind und daß wir keinen dynamischen Prozeß unterstellen, so kann das Nash-Gleichgewicht eine plausible Lösung für solche Spiele liefern.[85] Es ist allerdings auch möglich, daß mehrere Gleichgewichte oder kein Gleichgewicht in reinen Strategien existieren.[86] In reinen Strategien bedeutet in diesem Fall, daß die Spieler mit der Wahrscheinlichkeit von 1 eine bestimmt Strategie wählen und nicht mit einer anderen

---

82 Vgl. Varian, Hal R.: Grundzüge der Mikroökonomie (Intermediate Microeconomics). Deutsche Übersetzung der 2. Auflage von Reiner Buchegger, München; Wien; Oldenburg 1991, S. 445-447.

83 Vgl. Holler, Manfred/Illing, Gerhard: Einführung in die Spieltheorie, 4. Auflage, Berlin; Heidelberg; New York 2000, S.56.

84 Vgl. Feess, Eberhard: Mikroökonomie - Eine spieltheoretisch- und anwendungsorientierte Einführung, 2. Auflage, Marburg 2000, S.54-57.

85 Vgl. McKelvey, Richard D.: Computation of Equilibria in finite games, 1. Auflage, Minneapolis, Minnesota, 1996, p.5.

86 Vgl. Feess, Eberhard: Mikroökonomie - Eine spieltheoretisch- und anwendungsorientierte Einführung, 2. Auflage, Marburg 2000, S.47-54.

mischen. Für diese Untersuchung sind gemischte Strategien nicht von Interesse, da wir von diskreten, reinen Strategien ausgehen.

	Spieler 2	
Spieler 1	s_{21}	s_{22}
s_{11}	(3,4)	(2,3)
s_{12}	(1,3)	(3,5)

Abbildung 8 Spiel mit zwei Nash-Gleichgewichten

Abbildung 8 zeigt ein Spiel, in dem zwei Nash-Gleichgewichte existieren, (s_{11},s_{21}) und (s_{12},s_{22}). In jedem Gleichgewicht gilt, daß keiner der Spieler einen Anreiz hat, die Strategie zu wechseln, wenn er davon ausgeht, daß der andere bei seiner Wahl bleibt. Allgemein haben Spiele mit zwei Akteuren und jeweils zwei Strategien immer zwei Nash-Gleichgewichte, wenn es nicht mindestens eine dominante Strategie gibt.

	Spieler 2	
Spieler 1	s_{21}	s_{22}
s_{11}	(1,-1)	(-1,1)
s_{12}	(-1,1)	(1,-1)

Abbildung 9 Spiel ohne Nash-Gleichgewicht

Nicht immer aber ist das Nash-Kriterium hilfreich, um Gleichgewichte zu finden. In Abbildung 9 wird das sogenannte Pfennigspiel beschrieben, das kein Gleichgewicht bzw. keine Empfehlung für die beteiligten Spieler in reinen Strategien zuläßt.[87]

2.3.2.2 Nash-Gleichgewichte bei dynamischen Spielen

Wie in Kapitel 2.2.2.2 beschrieben wurde, ist es prinzipiell möglich, dynamische Spiele in Form eines Spielbaums in Normalform zu überführen, um Nash-Gleichgewichte einfacher zu bestimmen. Diese Vorgehensweise hat allerdings den

---

[87] Vgl. Morgenstern, Oskar/v. Neumann, John: Spieltheorie und wirtschaftliches Verhalten (Theory of Games and Economic Behavior). Deutsche Übersetzung der 3. Auflage von M. Leppig, Würzburg 1967, S.177-180.

Nachteil, daß unplausible Gleichgewichte als Lösung resultieren. Um dieses zu verdeutlichen, soll das Markteintrittsspiel näher betrachtet werden.[88] Es stellt ein zweistufiges Spiel zwischen einem Monopolisten und einem potentiellen Newcomer dar. Zunächst entscheidet der Newcomer (Spieler 1), ob er in den Markt eintritt; danach muß der Monopolist (Spieler 2) entscheiden, ob er einen aggressiven Kampf gegen den Konkurrenten führt oder den Markt friedlich teilt (Abbildung 10).

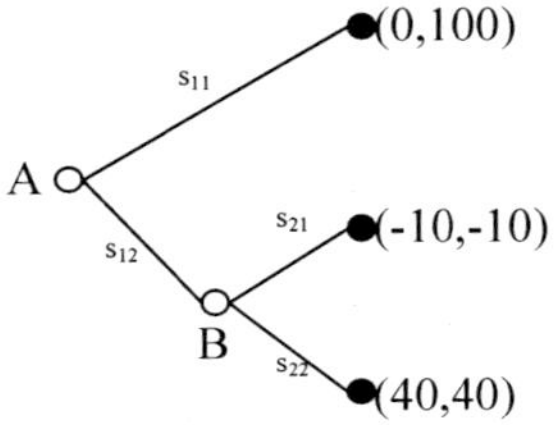

Abbildung 10 Markteintrittsspiel in extensiver Form

Entschließt sich der Newcomer in Knoten A nicht in den Markt einzutreten, kann er mit einer Auszahlung von 0 rechnen und der Monopolist kann weiter einen hohen Gewinn von 100 realisieren. Tritt er in den Markt ein und entschließt sich der Monopolist für einen Kampf, dann erleiden beide einen Verlust von 10 Geldeinheiten. Teilen sich die beiden Anbieter den Markt, so können beide einen Gewinn von 40 verzeichnen.

	Spieler 2			
Spieler 1	s_{21}/s_{11} s_{21}/s_{12}	s_{21}/s_{11} s_{22}/s_{12}	s_{22}/s_{11} s_{21}/s_{12}	s_{22}/s_{11} s_{22}/s_{12}
s_{11}	(0,100)	(0,100)	(0,100)	(0,100)
s_{12}	(-10,-10)	(40,40)	(-10,-10)	(40,40)

Abbildung 11 Markteintrittsspiel in Normalform

[88] Vgl. Holler, Manfred/Illing, Gerhard: Einführung in die Spieltheorie, 4. Auflage, Berlin; Heidelberg; New York 2000, S.16-17.

Abbildung 11 zeigt das Markteintrittsspiel in Normalform und wie man erkennen kann, existieren zwei Nash-Gleichgewichte (s_{11},s_{21}) und (s_{12},s_{22}). Das erste potentielle Gleichgewicht (s_{11},s_{21}) bedeutet, daß der Newcomer dem Markt fern bleibt und der Monopolist einen Preiskampf führt. Dieses Ergebnis ist nicht plausibel und kann als Gleichgewicht nicht verwendet werden. Man spricht dann auch von einem nicht-teilspielperfekten Gleichgewicht, d.h. in einem Teilspiel des gesamten Baumes wird eine nicht perfekte Entscheidung getroffen. In diesem Fall würde der Monopolist niemals einen Kampf um den Markt führen, d.h. das letzte Teilspiel würde mit s_{22} entschieden werden. Das zweite potentielle Gleichgewicht (s_{12},s_{22}) ist plausibel. Nash-Gleichgewichte, die aus dynamischen Spielen mit Hilfe der reduzierten Form gewonnen wurden, bedürfen also einer genauen Prüfung auf Plausibilität, bevor man sie als Lösung des Gesamtspiels heranziehen darf.[89]

2.3.2.3 Teilspielperfektes Nash-Gleichgewicht

Das teilspielperfekte Nash-Gleichgewicht (TPNG) stellt neben dem Nash-Gleichgewicht für statische Spiele eine weitere Form der Gleichgewichtsanalyse bei dynamischen Spielen dar.[90] Es werden hierbei unplausible Gleichgewichte von vornherein ausgeschlossen. Das Konzept des TPNGs basiert auf der Rückwärtsinduktion (backward induction), die für Spiele mit endlichem Zeithorizont anwendbar ist.[91] Von dem bekannten Ende des Spiels wird dann sukzessiv auf die vorgelagerten Entscheidungen geschlossen. Eine Strategiekombination wird dann als TPNG bezeichnet, wenn in jedem Teilspiel stets die optimale Strategie von dem entsprechenden Spieler gewählt wird.[92]

---

89 Vgl. Holler, Manfred/Illing, Gerhard: Einführung in die Spieltheorie, 4. Auflage, Berlin; Heidelberg; New York 2000, S.16-17.

90 Vgl. Feess, Eberhard: Mikroökonomie - Eine spieltheoretisch- und anwendungsorientierte Einführung, 2. Auflage, Marburg 2000, S.390.

91 Vgl. Holler, Manfred/Illing, Gerhard: Einführung in die Spieltheorie, 4. Auflage, Berlin; Heidelberg; New York 2000, S.21-23.

92 Vgl. Güth, Werner: Spieltheorie und ökonomische (Bei)Spiele, Berlin; Heidelberg; New York 1999, S.86-88.

Wendet man dieses Konzept auf das Spiel in Abbildung 10 an, so sieht man, daß das einzige TPNG die Strategiekombination (s_{12},s_{22}) ist. Der letzte Spieler (Monopolist) hat die Wahl zwischen Preiskampf, der einen Verlust von 10 zur Folge hätte, und einem friedlichen Verhalten, das mit einem Gewinn von 40 verbunden wäre. Da sich die Spieler gewinnmaximierend verhalten, ist für den Monopolisten optimal, sich friedlich zu verhalten. Die Strategie s_{22} stellt also eine teilspielperfekte Entscheidung im Punkt B dar. Der Newcomer antizipiert das Verhalten des Monopolisten und weiß, daß dieser sich friedlich verhalten wird, wenn er in den Markt eintritt. Bei Markteintritt kann der Newcomer demnach mit einem Gewinn von 40 (versus 0 bei Fernbleiben vom Markt) rechnen. In Entscheidungssituation A ist es also optimal Strategie s_{12} zu wählen und einen Markteintritt zu versuchen.

Das Konzept der Rückwärtsinduktion geht davon aus, daß alle Entscheider vollständig informiert sind und die Reihenfolge, in der die Entscheidungen getroffen werden müssen, vorgegeben ist.[93]

2.3.3 Perfektes Bayesianisches Gleichgewicht

Für dynamische Spiele mit unvollständiger Information kann das Konzept des teilspielperfekten Nash-Gleichgewichts nicht angewendet werden, weil man das Gesamtspiel nicht in unterschiedliche Teilspiele aufteilen kann.[94] Eine Rückwärtsinduktion ist demnach nicht ohne zusätzliche Angaben möglich und kann nicht in der in Kapitel 2.3.2.3 beschriebenen Form als Lösungsalgorithmus herangezogen werden. Um diesen Zusammenhang zu verdeutlichen soll das Markteintrittsspiel derart verändert werden, daß es zwei Typen von Newcomern gibt, die der Monopolist nicht im Vorhinein unterscheiden kann. Zum einen existieren Newcomer, die für den Monopolisten harmlos sind (A^H), d.h. die im Falle eines Kampfes dem Monopolisten nicht

---

[93] Vgl. Varian, Hal R.: Grundzüge der Mikroökonomie (Intermediate Microeconomics). Deutsche Übersetzung der 2. Auflage von Reiner Buchegger, München; Wien; Oldenburg 1991, S. 449-451.

[94] Vgl. Holler, Manfred/Illing, Gerhard: Einführung in die Spieltheorie, 4. Auflage, Berlin; Heidelberg; New York 2000, S.45-49.

so stark schaden, und zum anderen welche, die als gefährliche Konkurrenten (A^G) einzustufen sind, d.h. mit denen ein Kampf um den Markt zu einem beidseitigen hohen Verlust führen würde. Die unvollständige Information besteht darin, daß der Monopolist nicht genau weiß, mit welchem potentiellen Newcomer er zu rechnen hat. Solche Situationen werden durch einen dritten Spieler, nämlich der Natur, beschrieben.[95]

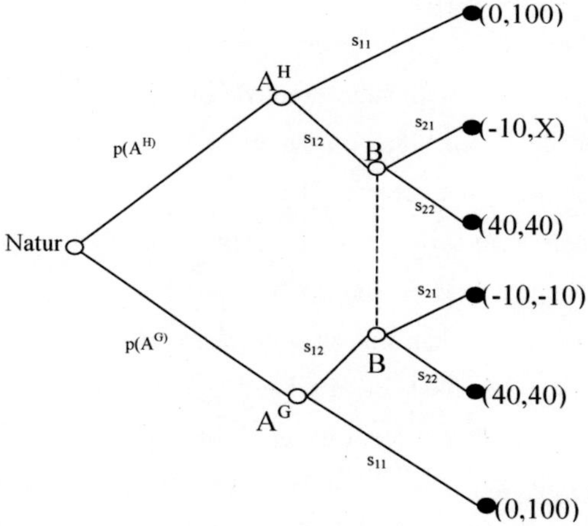

Abbildung 12 Markteintrittsspiel bei unvollständiger Information

Abbildung 12 zeigt einen Spielbaum für das Spiel in extensiver Form, wobei die Natur die Position des ersten Spielers einnimmt. Der Gewinn für den Monopolisten im Falle eines Preiskampfes und einem harmlosen Newcomer wird mit der Variablen X gekennzeichnet, um Variationen dieses Wertes deutlich zu machen. Die gestrichelte Linie deutet an, daß der Monopolist, sofern er überhaupt eine Wahl treffen muß, nicht weiß, in welchem Punkt er sich befindet. Die Rückwärtsinduktion kann hier keine sinnvollen Ergebnisse liefern, da keine abtrennbaren Teilspiele vorliegen. Die Natur

95 Vgl. Holler, Manfred/Illing, Gerhard: Einführung in die Spieltheorie, 4. Auflage, Berlin; Heidelberg; New York 2000, S.48.

wählt zufällig gemäß den Wahrscheinlichkeiten $p(A^G)$ und $p(A^H)$ den Typus des Newcomers. Man sollte aber bedenken, daß für die Lösung dieses Spieles nicht nur die Wahrscheinlichkeitseinschätzungen des Monopolisten über den Charakter des Newcomers, sondern auch die Einschätzung des Newcomers über die Wahrscheinlichkeitseinschätzung des Monopolisten von Interesse ist. Es sind in diesem Beispiel zwei Wertebereiche für den Gewinn X denkbar, $40<x<-10$ und $40\geq x$, die getrennt untersucht werden müssen. Wenn der Gewinn X zwischen -10 und 40 Geldeinheiten läge, wäre es eine dominante Strategie für den Monopolisten, den Markt friedlich zu teilen, egal welchen Typus der Newcomer ist. Liegt der Gewinn allerdings über 40 Geldeinheiten, ist die Wahl der optimalen Strategie nicht ohne ein Wahrscheinlichkeitsurteil möglich. Der Monopolist hat vor der Wahl der Newcomers eine a priori-Wahrscheinlichkeitsverteilung über dessen Charakter, die er allerdings noch entsprechend modifizieren kann. Man spricht von einem perfekten Bayesianischen Gleichgewicht, wenn die Strategien aller Spieler optimal sind (bei gegebener Strategie der anderen Spieler) und wenn in jedem Entscheidungsknoten die Wahrscheinlichkeitsverteilungen über die Typen nach der Bayesschen Regel gebildet werden, sofern dies möglich ist.[96] Die Bayessche Regel stellt dabei ein mathematisches Verfahren dar, mit dem man von a priori- auf a posteriori-Wahrscheinlichkeiten schließen kann.[97] Dieses ist immer dann möglich, wenn man Zusatzinformationen in das Wahrscheinlichkeitsbild einfließen lassen möchte.[98] Der beobachtbare Zug des Newcomers wäre bspw. eine solche Information, die man nutzen könnte.

---

[96] Vgl. Feess, Eberhard: Mikroökonomie - Eine spieltheoretisch- und anwendungsorientierte Einführung, 2. Auflage, Marburg 2000, S.658-666.

[97] Vgl. Güth, Werner: Spieltheorie und ökonomische (Bei)Spiele, Berlin; Heidelberg; New York 1999, S.96-103.

[98] Vgl. Holler, Manfred/Illing, Gerhard: Einführung in die Spieltheorie, 4. Auflage, Berlin; Heidelberg; New York 2000, S.49-52.

2.3.4 Beurteilung von Gleichgewichten

Wie in den vorangegangenen Kapiteln gezeigt wurde, können durchaus mehrere Nash-Gleichgewichte existieren. Nicht immer sind Nash-Gleichgewichte plausibel und können verworfen werden, so daß es nötig ist, Kriterien zu formulieren, die eine Auswahl bzw. eine Beurteilung der einzelnen Gleichgewichte zulassen.[99] In der Literatur werden insbesondere Pareto-Effizienz und das Kaldor-Hicks-Kriterium für die Beurteilung von Gleichgewichten herangezogen.[100]

2.3.4.1 Pareto-Effizienz

Als zentrales mikroökonomisches Konzept zur wohlfahrtstheoretischen Beurteilung von stabilen Gleichgewichten hat sich das Pareto-Effizienz-Kriterium als wichtiges Instrument der ökonomischen Analyse etabliert.[101] Ein Zustand heißt pareto-effizient, wenn es nicht möglich ist, ein Wirtschaftssubjekt besser zu stellen, ohne mindestens ein anderes Individuum schlechter zu stellen.[102]

Abbildung 8 zeigt ein Spiel mit zwei Nash-Gleichgewichten, wobei nur eines davon pareto-effizient ist (s_{12},s_{22}). Spieler 2 könnte sich nämlich in der Situation (s_{11}/s_{21}) um eine Einheit verbessern, ohne daß sich Spieler 1 verschlechtert. Man sollte nach wohlfahrtstheoretischen Gesichtspunkten das Gleichgewicht (s_{12},s_{22}) vorziehen.

Pareto-Effizienz hat den Vorteil, daß sie keinen interpersonellen Nutzenvergleich erfordert, d.h., daß die Ordinalität der Nutzentheorie gewahrt bleibt.[103] Diese Vorsicht bedingt allerdings auch, daß es in einem Spiel mehrere pareto-effiziente Gleichge-

---

99 Vgl. Morgenstern, Oskar/v. Neumann, John: Spieltheorie und wirtschaftliches Verhalten (Theory of Games and Economic Behavior). Deutsche Übersetzung der 3. Auflage von M. Leppig, Würzburg 1967, S.31-33.

100 Vgl. Feess, Eberhard: Mikroökonomie - Eine spieltheoretisch- und anwendungsorientierte Einführung, 2. Auflage, Marburg 2000, S.54-57.

101 Vgl. Varian, Hal R.: Grundzüge der Mikroökonomie (Intermediate Microeconomics). Deutsche Übersetzung der 2. Auflage von Reiner Buchegger, München; Wien; Oldenburg 1991, S. 461.

102 Vgl. Reiß, Winfried: Mikroökonomische Theorie, 2. Auflage, München; Wien 1992, S.46.

103 Vgl. Feess, Eberhard: Mikroökonomie - Eine spieltheoretisch- und anwendungsorientierte Einführung, 2. Auflage, Marburg 2000, S.55

wichte geben kann. Das Kriterium kann dann nicht ohne Erweiterung zur Elimination von ineffizienten Gleichgewichten herangezogen werden.

2.3.4.2 Kaldor-Hicks-Kriterium

Das Kaldor-Hicks-Kriterium setzt an das Pareto-Effizienz-Kriterium dahingehend an, daß es versucht, zwei pareto-effiziente Gleichgewichte in einer Rangordnung anzugeben.[104] Dabei soll der Übergang von der ersten zu der zweiten Situation derart erreicht werden, daß der begünstigte Akteur dem benachteiligten eine Kompensationszahlung zukommen läßt, so daß dieser wieder sein altes Niveau erreicht. [105]

	Spieler 2	
Spieler 1	s_{21}	s_{22}
s_{11}	(3,4)	(2,3)
s_{12}	(1,2)	(5,3)

Abbildung 12 Spiel mit zwei pareto-effizienten Nash-Gleichgewichten

Das Spiel in Abbildung 12 weist zwei pareto-effiziente Nash-Gleichgewichte auf $((s_{11},s_{21});(s_{12},s_{22}))$, wobei durch die Pareto-Effizienz keine Aussage über die Rangfolge der Gleichgewichte gemacht wird. Das Kaldor-Hicks-Kriterium besagt nun, daß Zustand (s_{12},s_{22}) eindeutig vorzuziehen ist, da durch eine Kompensationszahlung von einer Einheit Spieler 2 den erlitten Verlust durch den Wechsel von (s_{11},s_{21}) auf (s_{12},s_{22}) wieder sein altes Niveau erreichen kann. Spieler 1 hätte trotz Kompensationszahlung immer noch ein höheres Ergebnis als im Gleichgewicht (s_{11},s_{21}). Bei monetären Größen ist das Kaldor-Hicks-Kriterium einfach durch die Summe der Ergebnisgrößen und deren Vergleich anwendbar. Schwierig wird es bei nichtlinearen Verläufen wie etwa die Betrachtung von Nutzengrößen. Da allerdings hier in dieser Untersuchung nur monetäre Beträge verwendet werden, kann die einfache Ermittlung

104 Vgl. von Böventer, Edwin/Illing, Gerhard: Einführung in die Mikroökonomie, 8. Auflage, München; Wien 1995, S.259-260.

105 Vgl. Feess, Eberhard: Mikroökonomie - Eine spieltheoretisch- und anwendungsorientierte Einführung, 2. Auflage, Marburg 2000, S.56-67.

des Kaldor-Hicks-Kriteriums über die Summen der Ergebnisgrößen verwendet werden.

2.3.4.3 Trembling-Hand-Perfektheit

Pareto-Effizienz und das Kaldor-Hicks-Kriterium sind bei Vergleichen zwischen mehreren potentiellen Gleichgewichten und deren Beurteilung geeignete Verfahren, plausible Gleichgewichte zu erkennen. Ein weiteres Kriterium zum Ausschluß unplausibler Gleichgewichte ist die Forderung nach Trembling-Hand-Perfektheit.[106] Ein Gleichgewicht nennt man trembling-hand-perfekt, wenn dieses auch bei kleinen Fehlern eines Spielers stabil bleibt.[107] Der Spieler wählt mit "zitternder Hand" und entscheidet sich versehentlich für eine unbeabsichtigte Strategie. Wenn schon bei einer sehr geringen Fehlerwahrscheinlichkeit das Gleichgewicht instabil wird, spricht man einem nicht trembling-hand-perfekten Gleichgewicht.[108]

	Spieler 2	
Spieler 1	s_{21}	s_{22}
s_{11}	(0,100)	(0,100)
s_{12}	(-10,-10)	(40,40)

Abbildung 13 Spiel mit einem nicht trambling-hand-perfekten Nash Gleichgewicht

Das Spiel besitzt zwei Nash-Gleichgewichte, (s_{11},s_{21}) und (s_{12},s_{22}). Beide Gleichgewichte sind pareto-effizient, wobei nach dem Kaldor-Hicks-Kriterium nur (s_{11},s_{21}) plausibel ist, da durch eine Kompensationszahlung von 40 Geldeinheiten Spieler 1 nicht schlechter gestellt wird als in Situation (s_{12},s_{22}).

---

106 Vgl. Holler, Manfred/Illing, Gerhard: Einführung in die Spieltheorie, 4. Auflage, Berlin; Heidelberg; New York 2000, S.102-106.

107 Vgl. Aruka, Yuji: Avatamsaka Game Structure and It´s Design of Experiment, in: Working Paper Series, The Institute of Business Research Chuo University, Tokyo 2000, pp. 8-9.

108 Vgl. Holler, Manfred/Illing, Gerhard: Einführung in die Spieltheorie, 4. Auflage, Berlin; Heidelberg; New York 2000, S.102.

Spieler 2 hätte trotz dieser Kompensation einen höheren Gewinn, daher ist dieses Gleichgewicht vorzuziehen. Das Nash-Gleichgewicht (s_{11},s_{21}) ist allerdings nicht trambling-hand-perfekt, da Strategie s_{22} selbst bei einer sehr kleinen Fehlerwahrscheinlichkeit ε seitens Spieler 1 dominiert (Formel 1).

$$E(s_{21}) = (1-\varepsilon)100 - \varepsilon 10 = 100 - \varepsilon 110 < (1-\varepsilon)100 + \varepsilon 40 = 100 - \varepsilon 60 = E(s_{22})$$

Formel 1 Erwartungswertbildung bei Trambling-Hand-Perfektheit

Für alle $0<\varepsilon\leq k$ ist die Ungleichung erfüllt, d.h. es ist bei jeder (noch so kleinen) Fehlerwahrscheinlichkeit für Spieler 2 besser Strategie 2 zu wählen.

Nach dem Kaldor-Hicks-Kriterium ist nur das Nash-Gleichgewicht (s_{11},s_{21}) plausibel, während Trambling-Hand-Perfektheit nur Gleichgewichtskombination (s_{12},s_{22}) als gültiges Gleichgewicht zuläßt. Allgemein ist es in der Spieltheorie durchaus möglich, daß sich wie im gegebenen Fall unterschiedliche Konzepte im Ergebnis widersprechen.

3. Spieltheoretische Analyse von Infrastrukturentscheidungen

Das Kapitel 3 analysiert, aufbauend auf den spieltheoretischen Konzepten, die in Kapitel 2 behandelt wurden, dezentrale Infrastrukturentscheidungen, bei denen jeder Akteur selbständig bestimmt, ob er eine kompatible Technik einsetzt. Hierbei sollen unterschiedliche Konstellationen und Annahmen bezüglich der Informationsmenge und der Teilnehmeranzahl berücksichtigt werden. Die allen Analysen zugrundeliegende Nomenklatur ist Inhalt des ersten Abschnittes dieses Kapitels.

3.1 Modellparameter

Der Aufbau eines Informations- und Kommunikationssystems wird in Form eines gerichteten Graphen dargestellt, wobei die Knoten (N=1,..,n) die einzelnen Akteure darstellen. Ein gerichteter Graph ist dadurch gekennzeichnet, daß von jedem Knoten mindestens eine (gerichtete) Kante zu einem anderen Knoten abgeht.[109] Es gibt also keine isolierten Knoten. Die Kanten veranschaulichen die Kommunikationsbeziehungen zwischen den Akteuren, wobei jeder Kante ein Wert, der den einsparbaren Informationskosten entspricht, zugeordnet wird.

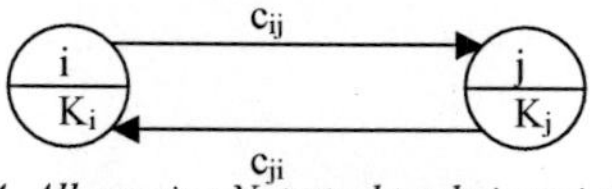

Abbildung 14 Allgemeine Netzstruktur bei zwei Akteuren

In Abbildung 14 ist ein Netz bestehend aus zwei Akteuren ($i,j \in N$) beschrieben. K_i bzw. K_j beschreiben die Standardisierungskosten des jeweiligen Akteurs. Auf den Kanten wurden die potentiellen Einsparungen c_{ij} bzw. c_{ji} abgetragen. Sind die Einsparpotentiale unsicher, so werden sie mit einer Wahrscheinlichkeit (p_{ij} bzw. p_{ji}) gewichtet.[110]

---

109 Vgl. Diestel, Reinhard: Graphentheorie, 1. Auflage, Berlin; Heidelberg; New York u.a. 1996, S. 25.

110 Vgl. Buxmann, Peter/König, Wolfgang/Weitzel, Tim: Auswirkung alternativer Koordinationsmechanismen auf die Auswahl von Kommunikationsstandards, online: http://www.wiwi.uni-frankfurt.de/~tweitzel/paper/ZfB.pdf, [Stand 18.11.2000].

3.2 Analyse statischer, nicht-kooperativer Infrastrukturentscheidungen

Zunächst sollen statische Situationen spieltheoretisch analysiert werden, um grundlegende Koordinationsprobleme aufzuzeigen. Bei statischer Entscheidungssituation entscheiden die Akteure gleichzeitig und unabhängig voneinander über die eigene Infrastruktur bezüglich ihrer Informations- und Kommunikationssysteme. Es wird hierbei von nicht-kooperativem Verhalten ausgegangen, d.h. es bestehen keine vertraglichen Bindungen bezüglich ihrer Entscheidung unter den Partnern. Zunächst soll die Situation mit zwei Akteuren unter vollständiger Information betrachtet werden. Im zweiten Teil dieses Kapitels wird dieses Konzept auf n Akteure mit unvollständiger Information erweitert.

3.2.1 Netzwerk mit zwei Akteuren bei vollständiger Information

Die Entscheidungssituation mit zwei Akteuren unter vollständiger Information stellt einen geeigneten Einstieg in die Analyse von Infrastrukturentscheidungen dar, da sowohl die Darstellung wie auch die anschließenden mathematischen Ausführungen gut nachvollziehbar sind.

Betrachtet wird ein Netz mit zwei Partnern, in dem alle relevanten Daten bekannt sind (Abbildung 15).

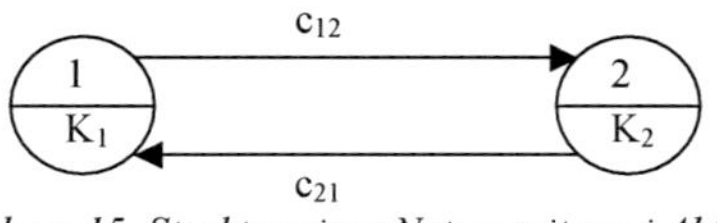

Abbildung 15 Struktur eines Netzes mit zwei Akteuren

Ein kompatibles System würde bei beidseitiger Implementierung Einsparungen in Höhe von $(c_{12}+c_{21})$ bewirken. Diesen Einsparpotentialen stehen Kosten in Höhe von (K_1+K_2) gegenüber, sofern beide Akteure sich für eine Standardisierung entschließen würden. Aus zentraler Sicht, d.h. wenn eine weisungsbefugte, dritte Instanz eine netzweite Optimierung durchführen würde, wäre eine beidseitige Standardisierung vorteilhaft, wenn die Summe der Standardisierungskosten unter den Einsparpotentialen läge (Formel 2).

$$K_1 + K_2 < c_{12} + c_{21}$$

Formel 2 Vorteilhaftigkeit bei zentraler Koordination

In diesem Fall wäre die Vorteilhaftigkeit für jeden einzelnen Akteur nebensächlich, da man bei zentraler Koordination davon ausgeht, daß die dritte Instanz weisungsbefugt ist und sich daher die Netzpartner nicht gegen seine Entscheidung wehren können. Geht man allerdings davon aus, daß die Akteure unabhängig zu entscheiden haben, ist die spieltheoretische Darstellung in Normalform besser geeignet, die unterschiedlichen Entscheidungsalternativen und die Interdependenz darzustellen.

3.2.1.1 Nash-Gleichgewichte

Die vorliegende Situation kann als Bimatrix in ein spieltheoretisches Konzept in Normalform überführt werden. Strategie s_{i2} steht für die Implementation eines kompatiblen Standards, während s_{i1} für eine Nichtstandardisierung des Spieler i steht (Abbildung 16).

	Akteur 2	
Akteur 1	s_{21}	s_{22}
s_{11}	(c_{12},c_{21})	$(c_{12},c_{21}+K_2)$
s_{12}	$(c_{12}+K_1,c_{21})$	(K_1,K_2)

Abbildung 16 Infrastrukturentscheidung im Zweipersonennetz in Normalform

Welches Nash-Gleichgewicht aus diesem Tableau resultiert, ist nicht ohne weitere Annahmen bezüglich der Variablen ableitbar. Geht man zunächst davon aus, daß die Einsparpotentiale bei beiden Partnern die Standardisierungskosten überwiegen, d.h. $c_{12}>K_1$ und $c_{21}>K_2$, sind zwei Nash-Gleichgewichte erkennbar $((s_{11},s_{21})$ und $(s_{12},s_{22}))$. Es sind also die Fälle als Gleichgewicht denkbar, in denen die Akteure beide standardisieren oder beide nicht standardisieren. Im Vergleich zu dem Ergebnis einer zentralen Koordination (beide standardisieren) sieht man, daß bei dezentraler Koordination auch der suboptimale Zustand, daß beide nicht standardisieren, erreicht werden kann. Variiert man die Parameter dahingehend, daß für den Akteur 1 nun gilt, daß seine Einsparpotentiale geringer ausfallen als seine Standardisierungskosten, d.h. $c_{12}<K_1$, wird ein eindeutiges Gleichgewicht, nämlich das beide nicht standardisieren (s_{11},s_{21}) erreicht. Akteur 1 hat eine dominante Strategie in s_{11} (Nichtstandardisierung), da gilt $c_{12}<c_{12}+K_1$ und $c_{12}<K_1$. Aus zentraler Sicht muß für eine definitive Vorteilhaftigkeitsentscheidung die Höhe der Einsparpotentiale des zweiten Akteurs und dessen Standardisierungskosten berücksichtigt werden. Nur wenn gilt, daß die Summe der Standardisierungskosten die Summe der einsparbaren Informationskosten überschreitet, ist eine beidseitige Nichtstandardisierung auch bei zentraler Koordination sinnvoll.

Folgende Tabelle soll die einzelnen Fälle und die Unterschiede bei zentraler und dezentraler Koordination verdeutlichen.

Parameterkonstellation	**Ergebnis bei zentraler Koordination**	**Ergebnis bei dezentraler Koordination (statisch)**
$c_{12}>K_1$ und $c_{21}>K_2$	Standardisierung	Keine definitive Empfehlung (2 Nash-Gleichgewichte)
$c_{12}<K_1$ und $c_{21}<K_2$	Nichtstandardisierung	Nichtstandardisierung (Nash-Gleichgewicht)
$c_{12}<K_1$ und $c_{21}>K_2$ wobei gilt $K_1+K_2<c_{12}+c_{21}$	Standardisierung	Nichtstandardisierung (Nash-Gleichgewicht)
$c_{12}<K_1$ und $c_{21}>K_2$ wobei gilt $K_1+K_2>c_{12}+c_{21}$	Nichtstandardisierung	Nichtstandardisierung (Nash-Gleichgewicht)
$c_{12}<K_1$ und $c_{21}>K_2$ wobei gilt $K_1+K_2=c_{12}+c_{21}$	Indifferenz	Nichtstandardisierung (Nash-Gleichgewicht)
$c_{12}=K_1$ und $c_{21}=K_2$	Indifferenz	Nichtstandardisierung (Nash-Gleichgewicht)

Abbildung 17 Vergleich der Ergebnisse bei zentraler und dezentraler Koordination und unterschiedlicher Parameterkonstellation bei zwei Akteuren und statischer Betrachtung

Man kann erkennen, daß bei dezentraler Koordination tendenziell weniger standardisiert wird, als es bei zentraler Planung der Fall ist.

Inwiefern die Gleichgewichte effizient sind, soll im nächsten Kapitel erörtert werden.

3.2.1.2 Beurteilung der Gleichgewichte

Wie im vorherigen Kapitel erörtert, wird in einem Netz mit zwei Akteuren und vollständiger Information bei simultaner Wahl nie eindeutig standardisiert. Entweder ist die Nichtstandardisierung alleiniges Gleichgewicht oder es existieren zwei Gleichgewichte (Standardisieren und Nichtstandardisieren). Es sollen nun die Gleichgewichte bei dezentraler Koordination hinsichtlich Pareto-Effizienz und unter Berücksichtigung des Kaldor-Hicks-Kriteriums beurteilt werden.

Es wird zunächst der Fall betrachtet, daß die einsparbaren Informationskosten beider Akteure über deren Standardisierungskosten liegen ($c_{12}>K_1$ und $c_{21}>K_2$). Es sind zwei Gleichgewichte (Nichtstandardisierung (s_{11},s_{21}) und Standardisierung (s_{12},s_{22}) ableitbar. Legt man das Pareto-Effizienz-Kriterium zugrunde, ist allerdings ausschließlich das Gleichgewicht (s_{12},s_{22}) optimal, da sich bei einem Übergang von (s_{11},s_{21}) auf (s_{12},s_{22}) beide Akteure ausschließlich besser stellen. Die beidseitige Standardisierung wäre auch nach dem Kaldor-Hicks-Kriterium eindeutig vorzuziehen, da die Summe der Standardisierungskosten kleiner ist als die Summe der einsparbaren Informationskosten.

Liegen bei beiden Akteuren die einsparbaren Informationskosten jeweils unter den Standardisierungskosten, ergibt sich das alleinige Gleichgewicht, daß beide nicht standardisieren (s_{11},s_{21}). Das Gleichgewicht ist pareto-effizient, da es keinen Zustand gibt, in dem sich ein Spieler verbessern kann, ohne daß sich der andere verschlechtert. Das Kaldor-Hicks-Kriterium ist nicht anwendbar, da es sich auf den Fall mehrerer Gleichgewichte beschränkt.

Geht man davon aus, daß die Einsparpotentiale eines Akteurs unter seinen Standardisierungskosten liegen und die Summe der einsparbaren Informationskosten allerdings die gesamten Standardisierungskosten überwiegen, so wird dennoch bei dezentraler Koordination eine Nichtstandardisierung erreicht. Dieses Gleichgewicht ist wiederum pareto-effizient, auch wenn der Gesamtnutzen hier nicht maximiert wird.

Das Gleichgewicht für den Fall, daß eine Standardisierung für einen Akteure unvorteilhaft wäre, allerdings die Summe der einsparbaren Informationskosten unter den gesamten Standardisierungskosten liegt, ist, daß beide Partner nicht standardisieren. Dieses Gleichgewicht ist pareto-optimal und auch gesamtnutzenmaximierend.

Die Fälle, in denen die Einsparpotentiale genau der Summe der Standardisierungskosten entsprechen, sind insofern unproblematisch, da sowohl beidseitige Nichtstandardisierung als auch die Verwendung eines kompatiblen Systems aus Gesamtsicht optimal sind. Es besteht Indifferenz in der Entscheidung der Akteure.

Die folgende Tabelle soll die Beurteilung der unterschiedlichen Fälle übersichtlich darstellen.

Parameterkonstellation	**Ergebnis bei dezentraler Koordination (statisch)**	**Optimal aus Gesamtsicht**	**Pareto-effizient**	**Effizient nach dem Kaldor-Hicks-Kriterium**
$c_{12}>K_1$ und $c_{21}>K_2$	Nichtstandardisierung	nein	nein	nein
	Standardisierung	ja	ja	ja
$c_{12}<K_1$ und $c_{21}<K_2$	Nichtstandardisierung	ja	ja	-
$c_{12}<K_1$ und $c_{21}>K_2$ wobei gilt $K_1+K_2<c_{12}+c_{21}$	Nichtstandardisierung	nein	ja	-
$c_{12}<K_1$ und $c_{21}>K_2$ wobei gilt $K_1+K_2>c_{12}+c_{21}$	Nichtstandardisierung	ja	ja	-
$c_{12}<K_1$ und $c_{21}>K_2$ wobei gilt $K_1+K_2=c_{12}+c_{21}$	Nichtstandardisierung	ja	ja	-
$c_{12}=K_1$ und $c_{21}=K_2$	Nichtstandardisierung	ja	ja	-

Abbildung 18 Beurteilung der Gleichgewichte bei statischer Analyse und zwei Personen

Fast immer wird ein pareto-effizienter Zustand bei dezentraler Koordination erreicht, wobei nicht immer eine Optimum aus zentraler Sicht gegeben sein muß. Ein besonderer Fall liegt vor, wenn die potentiellen Einsparpotentiale eines Akteurs unterhalb dessen Standardisierungskosten liegen. Das einzige Gleichgewicht stellt eine beidseitige Nichtstandardisierung dar, was aus gesamtwirtschaftlicher Sicht ineffizient ist. Es kommt also zu einer sicheren Fehlentscheidung bei dezentraler Koordination.

3.2.2 Netzwerk mit *n* Akteuren mit unvollständiger Information

In diesem Kapitel soll allgemein das Entscheidungskalkül eines Akteurs in einem *n-Personen-Netzwerk* betrachtet werden. Da die Zahl der Netzteilnehmer nicht determiniert ist, soll die Situation bei unvollständiger Information betrachtet werden. Diese Vorgehensweise stellt sicher, daß die Schlußfolgerungen für beliebig große Netzwerke anwendbar sind. Zunächst sollen die zugrundeliegenden Annahmen diskutiert, anschließend das individuelle Entscheidungskalkül der Akteure erörtert werden. Eine Gleichgewichtsbetrachtung wie in Kapitel 3.2.1.1 ist nicht möglich, da Parameterkonstellationen bei unbekannter Netzgröße nicht bestimmbar sind.

3.2.2.1 Struktur von *n-Personen-Netzwerk*en

Die bisherige Analyse beschränkte sich auf Netzwerke mit zwei Akteuren. Dieses hatte den Vorteil, daß die Zusammenhänge und Abhängigkeiten unter den Netzpartnern auch grafisch gut abbildbar waren. Bei Netzwerken mit unbestimmter Anzahl von Akteuren ist eine Darstellung weder in Normform noch in strategischer Form möglich. Man kann dennoch die Entscheidungskalküle der einzelnen Entscheider analytisch beschreiben. In einem Netzwerk aus n Personen mit bilateralen Kommunikationsbeziehungen sind prinzipiell n(n-1) Kommunikationskanten unterscheidbar[111], wobei keineswegs angenommen werden muß, daß alle Akteure wirklich mit allen anderen Kommunikationsbeziehungen pflegen (Formel 3). Besteht keine Beziehung zwischen zwei Beteiligten, werden entlang dieser Kante Informationskosten in Höhe von 0 angesetzt.

$$2\binom{n}{2} = n(n-1)$$

Formel 3 Berechnung der Anzahl von bilateralen Kommunikationskanten

Jeder Netzteilnehmer verfügt über (n-1) Kommunikationskanäle, die jeweils (unterschiedlich hohe) Informationskosten verursachen. Die asymmetrische Information besteht in der Unsicherheit über die Aktion der anderen Netzpartner, da deren Entscheidungsparameter nicht allgemein bekannt sind. Die realisierbaren Einsparpotentiale sind unsicher, da nur eine beidseitige Standardisierung eine Reduktion der Informationskosten bewirkt.

3.2.2.2 Entscheidungskalkül in *n-Personen-Netzwerk*en

Das Entscheidungskalkül eines Akteurs im Netz wird durch zwei Größen beeinflußt. Zum einen sind die Standardisierungskosten (K_i) und zum anderen sind die Einspar-

[111] Vgl. Buxmann, Peter: Standardisierung betrieblicher Informationssysteme, Diss. Frankfurt am Main, 1995, S.26.

potentiale zu berücksichtigen. Die Kosten für die Standardisierung im eigenen Unternehmen können als bekannt vorausgesetzt werden; die Einsparpotentiale hingegen sind unsicher. Wird von risikoneutralen Entscheidern[112] ausgegangen, kann man mit Hilfe des Erwartungswertes das Entscheidungskalkül wie in Formel 4 beschreiben.[113]

$$E(s_{i2}) = \sum_{\substack{j=1 \\ i \neq j}}^{n} p_{ij} c_{ij} - K_i$$

Formel 4 Erwartungswert bei unvollständiger Information in n-Personen-Netzwerken

Kann der Entscheider mit einem positiven Erwartungswert rechnen, wird er sein System standardisieren. Die einsparbaren Informationskosten entlang jeder Kante werden mit der Wahrscheinlichkeit, daß der Partner j ebenfalls standardisiert, gewichtet. Je größer der Akteur diese Wahrscheinlichkeiten schätz, um so eher wird eine mögliche Standardisierung rentabel. Man kann erkennen, daß der Bildung der Wahrscheinlichkeitsurteile eine entscheidende Rolle zukommt.

3.2.2.3 Wahrscheinlichkeitsschätzung durch imitiertes Verhalten

Es gibt verschiedene Ansätze zur Wahrscheinlichkeitsschätzung, wobei in diesem Kapitel besonders die sehr naheliegende Schätzung durch imitiertes Verhalten diskutiert werden soll.[114] Bei dieser Vorgehensweise möchte sich der Akteur in die Situation eines Kommunikationspartners hineinversetzen und versuchen, eine Vorteilhaftigkeitsberechung durchzuführen. Dazu ist zunächst wichtig, den Informationsstand der Akteure in Bezug auf die relevanten Daten der anderen Netzpartner zu beschreiben. Die Standardisierungskosten aller Netzakteure können als bekannt vorausgesetzt

---

112 Vgl. Laux, Helmut: Entscheidungstheorie, 4. Auflage, Berlin; Heidelberg; New York u.a. 1998, S. 144-145.

113 Vgl. Buxmann, Peter/König, Wolfgang/Weitzel, Tim: Auswirkung alternativer Koordinationsmechanismen auf die Auswahl von Kommunikationsstandards, online: http://www.wiwi.uni-frankfurt.de/~tweitzel/paper/ZfB.pdf, [Stand 18.11.2000].

114 Vgl. Buxmann, Peter/König, Wolfgang/Weitzel, Tim: Auswirkung alternativer Koordinationsmechanismen auf die Auswahl von Kommunikationsstandards, online: http://www.wiwi.uni-frankfurt.de/~tweitzel/paper/ZfB.pdf, [Stand 18.11.2000].

werden, da man anhand der Unternehmensgröße gut abschätzen kann, wie teuer eine Implementierung eines geeigneten Standards in einem Unternehmen wird. Schwieriger wird die Schätzung der Einsparpotentiale der anderen Unternehmen, wobei die Informationskosten entlang der eigenen Kommunikationskante (c_{ji}) als bekannt vorausgesetzt werden können. Werden diese Informationskosten als repräsentativ für den Akteur j angenommen, kann man ein Wahrscheinlichkeitsurteil gemäß Formel 5 formulieren.[115]

$$p_{ij} = \frac{c_{ji}(n-1) - K_j}{c_{ji}(n-1)}$$

Formel 5 Wahrscheinlichkeitsschätzer durch imitiertes Verhalten

Der Zähler stellt eine Vorteilhaftigkeitsschätzung für den Fall dar, daß alle Akteure im Netzwerk standardisieren. Dieses stellt eine sehr positive Schätzung dar, da man hierbei von einer netzweiten Standardisierung ausgeht, was nicht mit Sicherheit gesagt werden kann und daher eine Investition eher vorteilhaft erscheinen läßt. Der Nenner normiert den Bruch auf Werte zwischen 0 und 1. Für negative Werte soll $p_{ij}=0$ gelten.

Ergänzt man das allgemeine Entscheidungskalkül (Formel 4) um diesen Wahrscheinlichkeitsschätzer (Formel 5), so ergibt sich unter den getroffenen Annahmen folgende Berechnung für den Erwartungswert eines Akteurs (Formel 6).[116]

$$E(s_{i2}) = \sum_{\substack{j=1 \\ i \neq j}}^{n} \frac{c_{ji}(n-1) - K_j}{c_{ji}(n-1)} c_{ij} - K_i$$

Formel 6 Erwartungswert bei unvollständiger Information in n-Personen Netzwerken mit Wahrscheinlichkeitsschätzer

Der hier diskutierte Schätzer stellt eine schnelle und plausible Vorgehensweise an,

---

115 Vgl. Buxmann, Peter/König, Wolfgang/Weitzel, Tim: Auswirkung alternativer Koordinationsmechanismen auf die Auswahl von Kommunikationsstandards, online: http://www.wiwi.uni-frankfurt.de/~tweitzel/paper/ZfB.pdf, [Stand 18.11.2000].

116 Vgl. Buxmann, Peter/König, Wolfgang/Weitzel, Tim: Auswirkung alternativer Koordinationsmechanismen auf die Auswahl von Kommunikationsstandards, online: http://www.wiwi.uni-frankfurt.de/~tweitzel/paper/ZfB.pdf, [Stand 18.11.2000].

die nur eine kleine Informationsmenge voraussetzt. Die nötigen Informationen sind unter realer Betrachtung beschaffbar und stellen somit kein hohes Hindernis im Bezug auf die Handhabbarkeit dar.

3.3 Analyse dynamischer, nicht-kooperativer Entscheidungsprozesse

Dieses Kapitel soll dynamische Entscheidungssituationen analysieren, wobei davon ausgegangen wird, daß die Entscheidungsträger zeitlich nacheinander über die Implementierung kompatibler Informations- und Kommunikationssysteme im eigenen Unternehmen entscheiden. Diese Situation unterscheidet sich dahingehend von der statischen Analyse des vergangenen Kapitels, daß man unterschiedliche Annahmen bezüglich der Information über vergangenes Verhalten treffen kann. Können alle Spieler vergangenes Verhalten beobachten, so nennt man dies eine Situation mit perfekter Information.[117] Bei allen Analysen unter perfekter Information in dieser Untersuchung geht man davon aus, daß die Individuen einmal angeeignetes Wissen nicht wieder "vergessen" (perfect recall).[118] Es werden sowohl Situationen mit perfekter wie imperfekter Information betrachtet.

Ein weiteres Merkmal dynamischer Spiele ist, daß sich Situationen mit mehr als zwei Akteuren darstellen lassen, wobei in dieser Untersuchung die Situation mit unvollkommener, perfekter Information analysiert wird.

3.3.1 Netzwerk mit zwei Akteuren

Die Analyse eines Netzwerkes mit zwei Akteuren aus dynamischer Sicht kann durch zwei Knoten und zwei Kanten gemäß Abbildung 15 beschrieben werden. Die Umsetzung in spieltheoretische Darstellungsformen unterscheidet sich allerdings von der statischen Analyse in der Weise, daß statt der Normalform die extensive Form ge-

---

117 Vgl. Feess, Eberhard: Mikroökonomie - Eine spieltheoretisch- und anwendungsorientierte Einführung, 2. Auflage, Marburg 2000, S.65.

118 Vgl. Holler, Manfred/Illing, Gerhard: Einführung in die Spieltheorie, 4. Auflage, Berlin; Heidelberg; New York 2000, S.42-43.

wählt wird. Da es sich um einen Entscheidungsprozeß mit endlichen Stufen handelt, ist die spieltheoretische Lösbarkeit mittels Rückwärtsinduktion denkbar. Zunächst soll von vollkommener, perfekter Information ausgegangen werden, d.h. die Akteure sind über alle relevanten Daten im voraus informiert und das Verhalten aller Akteure ist allgemein beobachtbar. An diese Analyse anschließend soll die Situation imperfekter Information behandelt werden, bei der der zweite Entscheidungsträger die Wahl des ersten Akteurs nicht beobachten kann.

3.3.1.1 Situation mit perfekter Information

In der hier zu erörternden Situation soll davon ausgegangen werden, daß zunächst Akteur 1 über die Implementierung eines kompatiblen Standards entscheidet. Im Anschluß daran trifft Akteur 2 unter Kenntnis der Strategie des ersten Unternehmens seine Entscheidung.

Beide Akteure sind anfangs gleich und vollständig über alle relevanten Daten informiert. Diese Situation kann in Form eines Spielbaumes dargestellt werden (Abbildung 19).

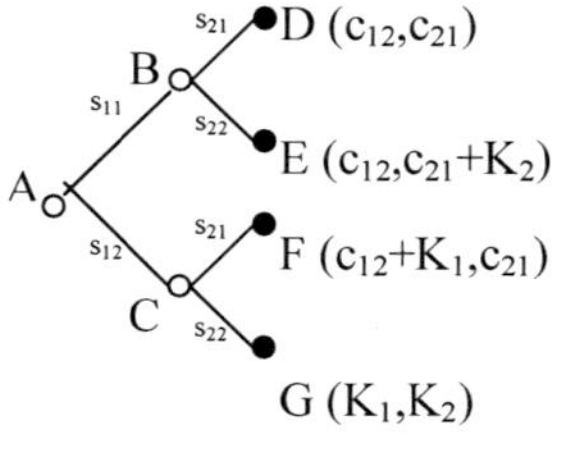

Abbildung 19 Infrastrukturentscheidung im Zweipersonennetz in extensiver Form mit perfekter Information

Strategie s_{i1} stellt wie bei statischer Betrachtung die Nichtstandardisierung des Spielers i dar, während s_{i2} die Implementierung einer kompatiblen Technologie vorsieht. Dieses dynamische Spiel läßt sich, wie in Kapitel 2.3.2.2 gezeigt, in Normalform (reduzierter Form) darstellen (Abbildung 20). Die sich daraus ergebenden Nash-

Gleichgewichte müssen allerdings noch hinsichtlich ihrer Plausibilität mittels Rückwärtsinduktion überprüft werden.

	Akteur 2			
Akteur 1	s_{21}/s_{11} s_{21}/s_{12}	s_{21}/s_{11} s_{22}/s_{12}	s_{22}/s_{11} s_{21}/s_{12}	s_{22}/s_{11} s_{22}/s_{12}
s_{11}	(c_{12},c_{21})	(c_{12},c_{21})	$(c_{12},c_{21}+K_2)$	$(c_{12},c_{21}+K_2)$
s_{12}	$(c_{12}+K_1,c_{21})$	(K_1,K_2)	$(c_{12}+K_1,c_{21})$	(K_1,K_2)

Abbildung 20 Infrastrukturentscheidung im Zweipersonennetz in reduzierter Form

3.3.1.1.1 Teilspielperfekte Nash-Gleichgewichte

Zur Bestimmung der Nash-Gleichgewichte müssen wieder Annahmen bezüglich der Parameter getroffen werden. Geht man zunächst davon aus, daß die potentiellen Einsparungen jeweils die Standardisierungskosten übersteigen (($c_{12}>K_1$) und ($c_{21}>K_2$)), ergibt sich das teilspielperfekte Nash-Gleichgewicht (s_{12},s_{22}). Akteur 2 hat eine dominante Strategie in s_2, die beste Antwort des ersten Akteurs darauf ist ebenfalls zu standardisieren. Dieses Ergebnis kann auch mittels Rückwärtsinduktion bestätigt werden. Beginnt man am Ende des Spielbaums und ermittelt die jeweilig beste Strategie des zweiten Akteurs, so erkennt man, daß er Strategie s_2 wählen sollte, sofern Akteur 1 mit Strategie s_2 beginnt. Entscheidet sich aber Akteur 1 für s_1, so ist auch s_1 für Akteur 2 von Vorteil. Dieses antizipiert Unternehmen 1 und wählt s_2, da es damit rechnen kann, daß es durch sein Verhalten die Entscheidung des zweiten Akteurs derart beeinflußt, daß im Ergebnis die Situation (s_{12},s_{22}) resultiert. Dieses Gleichgewicht ist auch bei zentraler Betrachtung optimal.

Liegen die einsparbaren Informationskosten jeweils unterhalb der Standardisierungskosten ($c_{12}<K_1$ und $c_{21}<K_2$), besteht das einzige Nash-Gleichgewicht aus beidseitiger Nichtstandardisierung (s_{11},s_{21}). Beide Akteure haben eine dominante Strategie in s_1, was dazu führt, daß es zu keiner Standardisierung kommt. Dieses Gleichgewicht ist auch teilspielperfekt und spiegelt das Optimum aus Gesamtsicht wieder.

Der Fall, daß eine beidseitige Standardisierung für Akteur 2 vorteilhaft wäre ($c_{21}>K_2$), allerdings Akteur 1 keinen Vorteil aus der Implementierung ziehen würde ($c_{12}<K_1$), führt zu einem eindeutigen, teilspielperfekten Nash-Gleichgewicht, daß beide Akteure nicht standardisieren (s_{11},s_{21}). Dieses Ergebnis kann aus zentraler Sicht nur mit zusätzlichen Annahmen bezüglich der Höhe der gesamten Standardisierung- bzw. Informationskosten beurteilt werden. Liegt die Summe der einsparbaren Informationskosten über der Summe der Standardisierungskosten, ist aus Gesamtsicht eine beidseitige Standardisierung vorteilhaft. Eine Nichtstandardisierung wäre dann suboptimal. Ein aus Gesamtsicht optimales Gleichgewicht liegt vor, wenn die gesamten Einsparpotentiale unter den Standardisierungskosten liegen. Hierbei würde die Entscheidungsstruktur bei zentraler und dezentraler Koordination unter hier getroffenen Annahmen zum selben, optimalen Gleichgewicht führen.
Da es sich hier um einen dynamischen Prozeß handelt, in dem die Akteure nacheinander ihre Entscheidungen fällen, müssen auch die Fälle mit umgekehrter Parameterkonstellation betrachtet werden. Diese Umkehrung der Parameterkonstellationen ist gleichbedeutend mit einer Veränderung der Reihenfolge der Akteure. Das Ergebnis ändert sich allerdings nicht, so daß man sagen kann, daß bei vollständiger und perfekter Information die Reihenfolge, in der die Akteure ihre Entscheidung treffen, irrelevant ist.
Folgende Tabelle soll die Ergebnisse übersichtlich zusammenfassen.

Parameterkonstellation	Ergebnis bei zentraler Koordination	Ergebnis bei dezentraler Koordination (dynam.)
$c_{12}>K_1$ und $c_{21}>K_2$	Standardisierung	Standardisierung (TPNG)
$c_{12}<K_1$ und $c_{21}<K_2$	Nichtstandardisierung	Nichtstandardisierung (TPNG)
$c_{12}<K_1$ und $c_{21}>K_2$ wobei gilt $K_1+K_2<c_{12}+c_{21}$	Standardisierung	Nichtstandardisierung (TPNG)
$c_{12}<K_1$ und $c_{21}>K_2$ wobei gilt $K_1+K_2>c_{12}+c_{21}$	Nichtstandardisierung	Nichtstandardisierung (TPNG)
$c_{12}<K_1$ und $c_{21}>K_2$ wobei gilt $K_1+K_2=c_{12}+c_{21}$	Indifferenz	Nichtstandardisierung (TPNG)
$c_{12}>K_1$ und $c_{21}<K_2$ wobei gilt $K_1+K_2<c_{12}+c_{21}$	Standardisierung	Nichtstandardisierung (TPNG)
$c_{12}>K_1$ und $c_{21}<K_2$ wobei gilt $K_1+K_2>c_{12}+c_{21}$	Nichtstandardisierung	Nichtstandardisierung (TPNG)
$c_{12}>K_1$ und $c_{21}<K_2$ wobei gilt $K_1+K_2=c_{12}+c_{21}$	Indifferenz	Nichtstandardisierung (TPNG)
$c_{12}=K_1$ und $c_{21}=K_2$	Indifferenz	Nichtstandardisierung (TPNG)

Abbildung 21 Vergleich der Ergebnisse bei zentraler und dezentraler Koordination und unterschiedlicher Parameterkonstellation bei zwei Akteuren und dynamischer Betrachtung

Auch bei dynamischer Betrachtung der Situation mit zwei Akteuren kann man erkennen, daß aus Gesamtsicht suboptimale Entscheidungen getroffen werden. Im Vergleich zu der statischen Analyse fällt allerdings auf, daß im ersten Fall (($c_{12}>K_1$) und ($c_{21}>K_2$)) bei dynamischer Entscheidungsfindung unter vollständiger und perfekter Information die beidseitige Standardisierung als Ergebnis erreicht wird. Bei statischer Betrachtung wurde dieses Gleichgewicht nicht mit Sicherheit erreicht.

3.3.1.1.2 Beurteilung der Gleichgewichte

Die Gleichgewichte bei dynamischer Betrachtung eines Netzwerkes mit zwei Akteuren unterscheiden sich von denen bei statischer Analyse insbesondere darin, daß sie eindeutig sind, d.h. für jede denkbare Parameterkonstellation ein definitives Gleichgewicht existiert. Dieses Merkmal ist dadurch gegeben, daß das Konzept des teilspielperfekten Nash-Gleichgewichts nur Lösungen zuläßt, die sich durch Rückwärtsinduktion isolieren lassen. Das Kaldor-Hicks-Kriterium, das sich auf den Vergleich zweier Gleichgewichte beschränkt, ist daher nicht anwendbar. Gleichgewichte können allerdings anhand des Pareto-Effizienz-Kriteriums miteinander verglichen werden. Das Gleichgewicht bei zentraler Koordination stellt die *first best* Lösung dar und kann somit ebenfalls zum Vergleich herangezogen werden.

Das Gleichgewicht bei dynamischer Betrachtung im Fall, daß die Standardisierungskosten jeweils unter den einsparbaren Informationskosten liegen (($c_{12}>K_1$) und ($c_{21}>K_2$)), stellt auch aus Gesamtsicht das Optimum dar und ist daher auch paretoeffizient. Dieselbe Aussage gilt für den Fall, daß die Standardisierungskosten jeweils über den einsparbaren Informationskosten liegen. In diesen beiden Fällen führt eine dezentrale Koordination bei dynamischer Betrachtung also nicht zu suboptimalen Ergebnissen.

Aus Gesamtsicht ineffiziente Gleichgewichte ergeben sich allerdings in den Fällen, in denen unterschiedliche Vorteilhaftigkeitskalküle der Akteure bestehen (($c_{12}>K_1$) und ($c_{21}<K_2$) bzw. ($c_{12}<K_1$) und ($c_{21}>K_2$)). Diese Gleichgewichte sind ausnahmslos pareto-effizient, stellen jedoch nicht immer das netzweite Optimum dar.

Der Fall, in dem die Standardisierungskosten jeweils gleich hoch ausfallen wie die entsprechenden einsparbaren Informationskosten (($c_{12}=K_1$) und ($c_{21}=K_2$)), führt zu einer beidseitigen Nichtstandardisierung, da in s_1 für beide Spiele eine schwach dominante Strategie besteht. Da aus Gesamtsicht dieses Ergebnis neben der beidseitigen Standardisierung ebenfalls effizient ist, kann man das Gleichgewicht als effizient bezeichnen.

Die sich ergebenden Gleichgewichte sollen anhand unterschiedlicher Effizienzkriterien in Abbildung 22 übersichtlich dargestellt werden.

Parameterkonstellation	**Ergebnis bei dezentraler Koordination (dynamisch)**	**Optimal aus Gesamtsicht**	**Pareto-effizient**
$c_{12}>K_1$ und $c_{21}>K_2$	Standardisierung	ja	ja
$c_{12}<K_1$ und $c_{21}<K_2$	Nichtstandardisierung	ja	ja
$c_{12}<K_1$ und $c_{21}>K_2$ wobei gilt $K_1+K_2<c_{12}+c_{21}$	Nichtstandardisierung	nein	ja
$c_{12}<K_1$ und $c_{21}>K_2$ wobei gilt $K_1+K_2>c_{12}+c_{21}$	Nichtstandardisierung	ja	ja
$c_{12}<K_1$ und $c_{21}>K_2$ wobei gilt $K_1+K_2=c_{12}+c_{21}$	Nichtstandardisierung	ja	ja
$c_{12}=K_1$ und $c_{21}=K_2$	Nichtstandardisierung	ja	ja

Abbildung 22 Beurteilung der Gleichgewichte bei dynamischer Analyse und zwei Personen

Im Vergleich zu der statischen Analyse (Abbildung 18) fällt auf, daß bei dynamischer Betrachtung weniger aus Gesamtsicht ineffiziente Gleichgewichte existieren.

3.3.1.2 Situation mit imperfekter Information

Dieses Kapitel möchte die Situation unter imperfekter Information behandeln, d.h. die Entscheider treffen sequentiell ihre Wahl über die Infrastruktur, die jeweiligen Züge können jedoch nicht beobachtet werden. Die Situation kann spieltheoretisch in Form eines Spielbaums dargestellt werden.

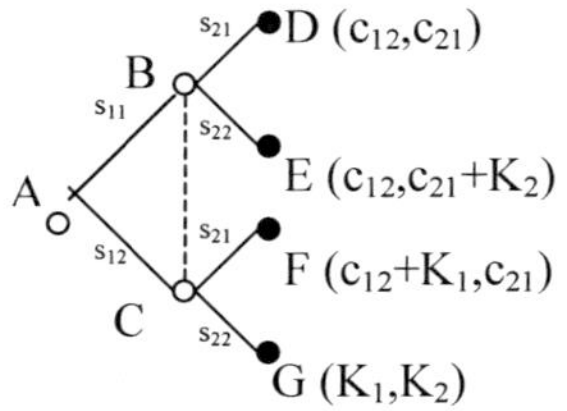

Abbildung 23 Infrastrukturentscheidung im Zweipersonennetz in extensiver Form mit imperfekter Information

Die gestrichelte Linie zwischen den Knoten B und C symbolisiert, daß Akteur 2 nicht weiß, in welchem Punkt der Entscheidungskette er sich gerade befindet. Er kann das Verhalten des ersten Akteurs nicht erkennen. Wie in Kapitel 2.2.2.2 beschrieben, läßt sich auch ein Spielbaum mit imperfekter Information in eine reduzierte Form überführen. Hierbei müssen nicht wie bei perfekter Information alle Fälle gesondert betrachtet werden, da das Verhalten des zweiten Akteurs nicht von der Entscheidung des ersten Akteurs beeinflußt wird. Die reduzierte Form dieses Spielbaums entspricht dem Tableau der statischen Analyse (Abbildung 16). Es ergeben sich die selben Gleichgewichte und Effizienzbeurteilungen (Kapitel 3.2).

3.3.1.3 Situation mit unvollständiger Information

Die bisherigen Analysen beschränkten sich auf Fälle, in denen alle Beteiligte vollständig und wahrheitsgemäß informiert sind. Bei realen Entscheidungen sind die Akteure allerdings nicht immer über alle relevanten Daten informiert, man spricht dann auch von einer Situation mit unvollständiger Information. Diese asymmetrische Informationsverteilung kann sich im Wissen über die Handlungsalternativen wie in der Bewertung der denkbaren Zustände widerspiegeln. Die Spieler haben private Informationen über relevante Eigenschaften, die sie den anderen Akteuren nicht mitteilen. Man spricht in diesem Zusammenhang auch von *hidden information*, was i.d.R. zu dem Phänomen der "Adverse Selection" bzw. "negative Auslese" führt.[119] Um diesen Zusammenhang zu verdeutlichen, soll eine Analyse eines Netzwerkes mit zwei Personen unter unvollständiger Information betrachtet werden. Man könnte die Unterscheidung in einen Spieler mit hohen Standardisierungskosten (K^H_i), die nicht durch die Einsparpotentiale kompensiert werden können, und einen Spieler mit niedrigen Standardisierungskosten (K^N_i), die unter den Einsparpotentialen liegen, treffen. Der Spieler i weiß als einziger Akteur, wie hoch seine tatsächlichen Standardisierungskosten liegen. Weitere Formen der asymmetrischen Informationsverteilung sind denkbar, wobei diese analog zu analysieren wären. Zunächst soll aber die Situation betrachtet werden, in der der erste Akteur die Standardisierungskosten des zweiten Akteurs nicht kennt. Er schätzt die Wahrscheinlichkeit $p(A^H_1)$ für den Fall, daß die Standardisierungskosten des zweiten Akteurs hoch ausfallen (K^H_2) und somit eine Standardisierung unrentabel ist ($K^H_2 > c_{21}$ und $K^N_2 < c_{21}$). Spieltheoretisch kann man diesen Fall durch die Einführung der Natur beschreiben, die zu Beginn den Typus des zweiten Spielers bestimmt. Das Ergebnis dieser Entscheidung ist allerdings den weiteren Spielern unbekannt. Bei dieser Vorgehensweise überführt man eine Situation mit unvollständiger Information in ein Spiel mit imperfekter Information (Abbildung 24).

---

119 Vgl. Feess, Eberhard: Mikroökonomie - Eine spieltheoretisch- und anwendungsorientierte Einführung, 2. Auflage, Marburg 2000, S.625-630.

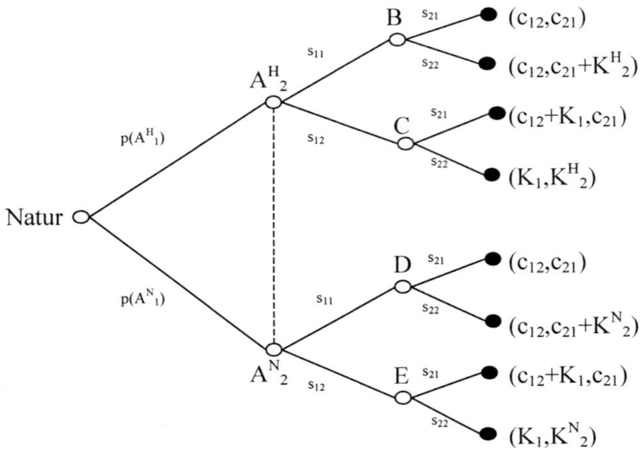

Abbildung 24 Infrastrukturentscheidung im Zweipersonennetz in extensiver Form mit unvollständiger Information

Die gestrichelte Linie kennzeichnet, daß der erste Spieler nicht mit Sicherheit sagen kann, ob er sich in Punkt A^H_2 oder A^N_2 befindet. Die gleichgewichtige Lösung dieses Spiels kann wiederum durch die Rückwärtsrechnung erfolgen. Auf der letzten Entscheidungsstufe (im Punkt B,C,D oder E) wählt Spieler 2 seine Strategie. Im Punkt B würde er s_{21} wählen, ebenso wenn er sich in Punkt C befinden würde, da $c_{21} < K^H_2$ und $c_{21} < K^H_2$ gilt. Ausgehend von Situation D wäre s_{21} für Akteur 2 optimal, während von Punkt E betrachtet s_{22} vorzuziehen ist. Akteur 1 muß nun, von dem zu erwartenden Verhalten des zweiten Akteurs ausgehend, eine Entscheidung auf Grundlage seiner Wahrscheinlichkeitsschätzung fällen. Geht man von einem risikoneutralen Entscheider aus, so kann man mit Hilfe des Erwartungswertes die einzuschlagende Strategie ermitteln (Formel 7).

$$E(s_{11}) = p(A_2^H)c_{12} + p(A_2^N)c_{12}$$
$$E(s_{12}) = p(A_2^H)(c_{12} + K_1) + p(A_2^N)K_1$$

Formel 7 Erwartungswertberechnung für Akteur 1 bei asymmetrischer Informationsverteilung im Zweipersonenfall

Die Wahrscheinlichkeitsschätzung des ersten Akteurs ist also für das erzielbare Gleichgewicht entscheidend.

3.3.1.3.1 Bayes-Nash-Gleichgewicht

Die sich bei unvollständiger Information ergebenden Gleichgewichte nennt man perfekte Bayesianische Gleichgewichte oder Bayes-Nash-Gleichgewichte.[120] Eine Strategiekombination kann als Bayes-Nash-Gleichgewicht interpretiert werden, wenn sich alle Akteure bei gegebener Strategie der anderen optimal verhalten. Hierbei müssen allerdings die Wahrscheinlichkeitseinschätzungen der einzelnen Akteure explizit berücksichtigt werden. Im hier vorliegenden Fall ist nur die Wahrscheinlichkeitsverteilung des ersten Akteurs über die Höhe der Standardisierungskosten des zweiten Akteurs von Interesse. Das Spiel ist also lösbar, wenn zum einen der Charakter des zweiten Spielers und zum anderen Annahmen bezüglich der Wahrscheinlichkeitsschätzung des ersten Spielers berücksichtigt werden. Man kann sich allgemein überlegen, wann Akteur 1 sich für Strategie s_1 entscheidet (Formel 8-1). Es muß $E(s_{11})<E(s_{12})$ gelten:

(1) $E(s_{11}) = p(A_2^H)c_{12} + p(A_2^N)c_{12} < p(A_2^H)(c_{12} + K_1) + p(A_2^N)K_1 = E(s_{12})$

(2) $p(A_2^N) = 1 - p(A_2^H) \quad \perp \quad 0 \leq p(A_2^N) \leq 1$

(3) $p(A_2^H)c_{12} + (1 - p(A_2^H))c_{12} < p(A_2^H)(c_{12} + K_1) + (1 - p(A_2^H))K_1$

$$c_{12} < p(A_2^H)c_{12} + K_1$$

$$p(A_2^N) < \frac{K_1}{c_{12}}$$

Formel 8 Allgemeine Bedingung für die Wahrscheinlichkeitsschätzung des ersten Akteurs

Geht man von der plausiblen Annahme aus, daß die beiden Wahrscheinlichkeiten zusammen 1 ergeben (Formel 8-2), kann man schlußfolgern, daß Akteur 1 Strategie s_1 wählt, sofern er die Wahrscheinlichkeit für $p(A^N{}_2)$ kleiner als K_1/c_{12} schätzt. In dem

120 Vgl. Feess, Eberhard: Mikroökonomie - Eine spieltheoretisch- und anwendungsorientierte Einführung, 2. Auflage, Marburg 2000, S.381.

Fall, daß die Standardisierungskosten des ersten Akteurs 1 (K_1) größer sind als seine Einsparpotentiale (c_{12}), wird Akteur 1 auf alle Fälle Strategie s_1 wählen, da eine Standardisierung für ihn keinesfalls lohnend wäre.

Parameterkonstellation		Ergebnis bei dezentraler Koordination (dynam.)	Ergebnis bei zentraler Koordination
K_1,K_2,c_{12},c_{21}	$p(A^N_2)$		
$c_{12}>K_1$ und $c_{21}>K_2$	$p(A^N_2)<K_1/c_{12}$	Nichtstandardisierung (s_{11},s_{21})	Standardisierung (s_{12},s_{21})
	$p(A^N_2)>K_1/c_{12}$	Standardisierung (s_{12},s_{21})	
	$p(A^N_2)= K_1/c_{12}$	Indifferenz	
$c_{12}<K_1$ und $c_{21}<K_2$	-	Nichtstandardisierung (s_{11},s_{21})	Nichtstandardisierung (s_{11},s_{21})
$c_{12}<K_1$ und $c_{21}>K_2$ wobei gilt $K_1+K_2<c_{12}+c_{21}$	-	Nichtstandardisierung (s_{11},s_{21})	Standardisierung (s_{12},s_{21})
$c_{12}<K_1$ und $c_{21}>K_2$ wobei gilt $K_1+K_2>c_{12}+c_{21}$	-	Nichtstandardisierung (s_{11},s_{21})	Nichtstandardisierung (s_{11},s_{21})
$c_{12}<K_1$ und $c_{21}>K_2$ wobei gilt $K_1+K_2=c_{12}+c_{21}$	-	Nichtstandardisierung (s_{11},s_{21})	Indifferenz
$c_{12}>K_1$ und $c_{21}<K_2$ wobei gilt $K_1+K_2<c_{12}+c_{21}$	$p(A^N_2)<K_1/c_{12}$	Nichtstandardisierung (s_{11},s_{21})	Standardisierung (s_{12},s_{21})
	$p(A^N_2)>K_1/c_{12}$	Einseitige Standardisierung (s_{12},s_{21})	
	$p(A^N_2)= K_1/c_{12}$	Indifferenz	
$c_{12}>K_1$ und $c_{21}<K_2$ wobei gilt $K_1+K_2>c_{12}+c_{21}$	$p(A^N_2)<K_1/c_{12}$	Nichtstandardisierung (s_{11},s_{21})	Nichtstandardisierung (s_{11},s_{21})
	$p(A^N_2)>K_1/c_{12}$	Einseitige Standardisierung (s_{12},s_{21})	
	$p(A^N_2)= K_1/c_{12}$	Indifferenz	
$c_{12}>K_1$ und $c_{21}<K_2$ wobei gilt $K_1+K_2=c_{12}+c_{21}$	$p(A^N_2)<K_1/c_{12}$	Nichtstandardisierung (s_{11},s_{21})	Indifferenz
	$p(A^N_2)>K_1/c_{12}$	Einseitige Standardisierung (s_{12},s_{21})	
	$p(A^N_2)= K_1/c_{12}$	Indifferenz	
$c_{12}=K_1$ und $c_{21}=K_2$	$p(A^N_2)<K_1/c_{12}$	Nichtstandardisierung (s_{11},s_{21})	Indifferenz
	$p(A^N_2)>K_1/c_{12}$	Indifferenz	
	$p(A^N_2)= K_1/c_{12}$	Indifferenz	

Abbildung 25 Vergleich der Ergebnisse bei zentraler und dezentraler Koordination und unterschiedlicher Parameterkonstellation bei zwei Akteuren und dynamischer Betrachtung im Falle asymmetrischer Informationsverteilung

Abbildung 25 gibt einen Überblick über die unterschiedlichen Gleichgewichte, die sich bei variierender Parameterkonstellation ergeben. Neben den Kostengrößen müssen auch Annahmen bezüglich der Wahrscheinlichkeiten, die Akteur 1 über den Typus des zweiten Akteurs annimmt, angegeben werden. Man kann erkennen, daß die Reihenfolge der Entscheidungen eine Rolle spielt, was im Falle vollständiger Information unerheblich ist.

3.3.1.3.2 Beurteilung der Gleichgewichte

Bei der dynamischen Analyse des Zweipersonennetzes unter unvollständiger Information fällt insbesondere auf, daß es zu einseitiger Standardisierung kommen kann. Dieses bedeutet, daß der erste Akteur standardisiert, weil seine Wahrscheinlichkeitseinschätzung bezüglich der Kostensituation des zweiten Akteurs sich derart verhält, daß er mit hoher Wahrscheinlichkeit annimmt, dieser profitiere ebenfalls von einer Standardisierung. Stellt sich allerdings diese Einschätzung als falsch heraus, weil der zweite Akteur keinen Anreiz zur Standardisierung hat, käme es zu einer Fehlinvestition des ersten Akteurs. Diese Gefahr wird vom *first mover* antizipiert und die Wahrscheinlichkeiten dementsprechend vorsichtig geschätzt. Schlimmstenfalls geht Akteur 1 gar kein Risiko ein und standardisiert überhaupt nicht, obwohl sich vielleicht später eine Standardisierung für beide gelohnt hätte. Man nennt diesen Effekt auch *start-up* Problem, d.h. der erste Entscheider ziert sich, pro Standardisierung zu votieren, da er befürchtet, eine Fehlinvestition hinnehmen zu müssen. Der zweite Akteur kann auf der sicheren Information, welche Strategie der erste Entscheider gewählt hat, eine für ihn optimale Aktion bestimmen, ohne ein Risiko einzugehen.

Folgende Tabelle soll einen Überblick über die Gleichgewichte bezüglich ihrer Pareto-Effizienz und im Vergleich zur zentralen Lösung geben (Abbildung 26).

Parameterkonstellation		**Ergebnis bei dezentraler Koordination (dynam.)**	**Optimal aus Gesamtsicht**	**Pareto-effizient**
K_1,K_2,c_{12},c_{21}	$p(A^N_2)$			
$c_{12}>K_1$ und $c_{21}>K_2$	$p(A^N_2)<K_1/c_{12}$	Nichtstandardisierung (s_{11},s_{21})	nein	ja
	$p(A^N_2)>K_1/c_{12}$	Standardisierung (s_{12},s_{21})	ja	ja
	$p(A^N_2)=K_1/c_{12}$	Indifferenz	nein	ja
$c_{12}<K_1$ und $c_{21}<K_2$	-	Nichtstandardisierung (s_{11},s_{21})	ja	ja
$c_{12}<K_1$ und $c_{21}>K_2$ wobei gilt $K_1+K_2<c_{12}+c_{21}$	-	Nichtstandardisierung (s_{11},s_{21})	nein	ja
$c_{12}<K_1$ und $c_{21}>K_2$ wobei gilt $K_1+K_2>c_{12}+c_{21}$	-	Nichtstandardisierung (s_{11},s_{21})	ja	ja
$c_{12}<K_1$ und $c_{21}>K_2$ wobei gilt $K_1+K_2=c_{12}+c_{21}$	-	Nichtstandardisierung (s_{11},s_{21})	ja	ja
$c_{12}>K_1$ und $c_{21}<K_2$ wobei gilt $K_1+K_2<c_{12}+c_{21}$	$p(A^N_2)<K_1/c_{12}$	Nichtstandardisierung (s_{11},s_{21})	nein	ja
	$p(A^N_2)>K_1/c_{12}$	Einseitige Standardisierung (s_{12},s_{21})	nein	nein
	$p(A^N_2)=K_1/c_{12}$	Indifferenz	ja	ja
$c_{12}>K_1$ und $c_{21}<K_2$ wobei gilt $K_1+K_2>c_{12}+c_{21}$	$p(A^N_2)<K_1/c_{12}$	Nichtstandardisierung (s_{11},s_{21})	ja	ja
	$p(A^N_2)>K_1/c_{12}$	Einseitige Standardisierung (s_{12},s_{21})	nein	nein
	$p(A^N_2)=K_1/c_{12}$	Indifferenz	nein	nein
$c_{12}>K_1$ und $c_{21}<K_2$ wobei gilt $K_1+K_2=c_{12}+c_{21}$	$p(A^N_2)<K_1/c_{12}$	Nichtstandardisierung (s_{11},s_{21})	ja	ja
	$p(A^N_2)>K_1/c_{12}$	Einseitige Standardisierung (s_{12},s_{21})	nein	nein
	$p(A^N_2)=K_1/c_{12}$	Indifferenz	ja	ja
$c_{12}=K_1$ und $c_{21}=K_2$	$p(A^N_2)<K_1/c_{12}$	Nichtstandardisierung (s_{11},s_{21})	ja	ja
	$p(A^N_2)>K_1/c_{12}$	Indifferenz	ja	(ja)
	$p(A^N_2)=K_1/c_{12}$	Indifferenz	ja	(ja)

Abbildung 26 Beurteilung der Gleichgewichte bei dynamischer Analyse und zwei Personen im Fall asymmetrischer Informationsverteilung

Asymmetrische Informationsverteilung kann zu einem Effizienzverlust im Vergleich zu Situationen mit vollständiger Information führen. Es werden auch pareto-effiziente

Gleichgewichte erreicht, die aus Gesamtsicht suboptimal sind. Mögliche Ausgleichsmechanismen würden hier zur Erhöhung des Gesamtnutzens beitragen.

3.3.2 Netzwerke mit *n* Akteuren aus dynamischer Sicht

Die bisherigen dynamischen Analysen beschränkten sich auf die Situation mit zwei Akteuren. Dieses Kapitel soll die Situation mit *n* Personen beinhalten, die unter Annahme statischen Verhaltens bereits unter 3.2.2 analysiert wurde. Es ergibt sich unter dynamischen Gesichtspunkten wiederum das Problem der grafischen Darstellung, da die Teilnehmeranzahl unbekannt ist. Es sollen daher die unterschiedlichen Entscheidungskalküle der einzelnen Akteure analysiert werden, wobei von unvollständiger Information ausgegangen wird. Zunächst sollen Lösungskonzepte bei imperfekter Informationsverteilung analysiert werden. Darauf aufbauend schließt sich die Analyse des Verhaltens der Akteure unter perfekter Information an.

3.3.2.1 Situation mit unvollständiger, imperfekter Information

Die Situation unter unvollständiger und imperfekter Information ist durch eine sehr geringe Informationsmenge aller Beteiligten gekennzeichnet. Sie sind weder im Vorfeld über alle relevanten Daten informiert, noch können sie aus dem vergangenen Verhalten der anderen Akteure zusätzliche Informationen gewinnen(Abbildung 27). Es stellt sich für jeden Akteur, egal in welcher Reihenfolge diese zu entscheiden haben, das gleiche Vorteilhaftigkeitskalkül.

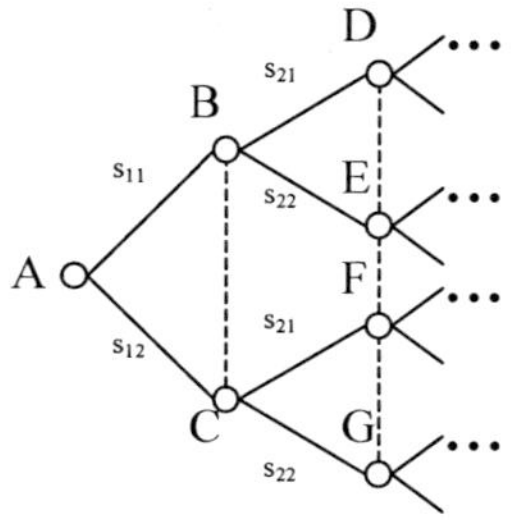

Abbildung 27 Infrastrukturentscheidung im n Personen Netz in extensiver Form mit unvollständiger und imperfekter Information

Auf den einzelnen Entscheidungsstufen können die Akteure nicht zwischen den möglichen Ausgangszuständen differenzieren. Diese Situation kann spieltheoretisch nicht mittels Rückwärtsinduktion gelöst werden, da kein definitives Ende vorgegeben ist. Auch die Vorwärtsrechnung führt zu keinem sinnvollen Ergebnis, da keine Zusatzinformationen durch vergangenes Verhalten ableitbar sind. Der dynamische Aspekt bringt also keinen Unterschied in der Informationsmenge im Vergleich zur statischen Analyse. Die Vorgehensweise zur Lösung dieser Situation entspricht daher auch der statischen Situation (vgl. Kapitel 3.2.2).

3.3.2.2 Situation mit unvollständiger, perfekter Information

Die dynamische Analyse von n-Personen-Netzwerken unter unvollständiger und perfekter Information ist insofern problematisch, als sich die Informationsmenge der einzelnen Akteure unterscheidet. Der erste Akteur hat keine Information über das Verhalten des Vorgängers, da er der erste in der Entscheidungskette ist (Abbildung 28). Der zweite Akteur verbessert seine Ausgangsposition im Vergleich zum ersten Akteur dadurch, daß er dessen Verhalten in sein Entscheidungskalkül mit einbeziehen kann. Der dritte Akteur hat wiederum eine größere Informationsmenge als Akteur 1 und 2. Der n-te Akteur entscheidet ohne jegliches Risiko, da er alle vergangenen Entscheidungen kennt und daher alle nötigen Informationen besitzt.

Man kann wiederum unterschiedliche Annahmen bezüglich der Art der unvollständigen Information treffen, wobei in Anlehnung an Kapitel 3.2.2 davon ausgegangen werden soll, daß alle Akteure ihre eigenen Standardisierungskosten und Informationskosten kennen. Weiterhin sind die Standardisierungskosten der übrigen Akteure so gut schätzbar, daß sie als bekannt gelten können. Die eingehenden Kanten und die daraus resultierenden Informationskosten sind ebenfalls bekannt, da auch diese beobachtbar sind.

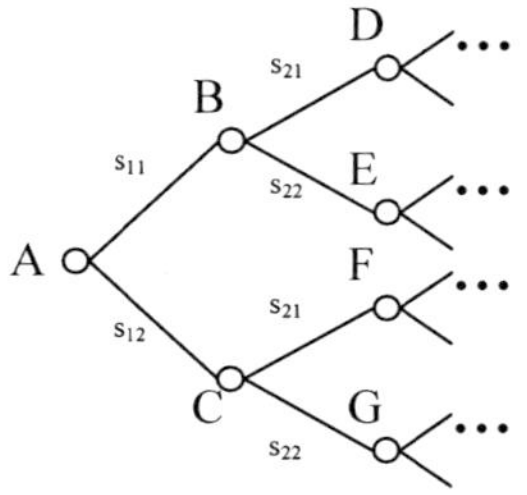

Abbildung 28 Infrastrukturentscheidung im n-Personen-Netz in extensiver Form mit unvollständiger und perfekter Information

3.3.2.2.1 Entscheidungskalkül in *n-Personen-Netzwerk*en

Wie im letzten Abschnitt erörtert unterscheiden sich die Entscheidungskalküle der einzelnen Akteure in der zugrundeliegenden Informationsmenge voneinander. Es sollen daher die ersten drei Akteure getrennt voneinander analysiert werden, um anschließend eine Verallgemeinerung der Erkenntnisse für den i-ten Akteur zu formulieren.

Der erste Entscheider dieses dynamischen Prozesses unter perfekter Information hat keine Zusatzinformation durch das Verhalten des vorherigen Akteurs. Die Informationsmenge unterscheidet sich nicht von der bei der statischen Analyse des *n-Personen-Netzwerk*es (Kapitel 3.2.2).

$$E(s_{12}) = \sum_{j=2}^{n} p_{1j}c_{1j} - K_1 = \sum_{j=2}^{n} \frac{c_{j1}(n-1) - K_j}{c_{j1}(n-1)} c_{1j} - K_1$$

Formel 9 Erwartungswert des ersten Akteurs in einem n-Personen-Netzwerk unter unvollständiger und perfekter Information

Formel 9 zeigt die Berechnung des Erwartungswertes bei Verwendung des Schätzers durch imitiertes Verhalten (vgl. Kapitel 3.2.2.3). Da keine Entscheidungen zu dem Zeitpunkt beobachtbar sind, müssen alle einsparbaren Informationskosten (c_{1j}) mit der Wahrscheinlichkeit (p_{1j}) gewichtet werden, da nicht mit Sicherheit davon ausgegangen werden kann, daß diese Ersparnisse wirklich umgesetzt werden. Ist der Erwartungswert positiv, wird sich ein risikoneutraler Akteur für eine Standardisierung entscheiden.

Der zweite Akteur kann die Entscheidung des ersten beobachten und diese Zusatzinformation in sein Entscheidungskalkül einbinden (Formel 10).

$$E(s_{22}) = p^*_{21}c_{21} + \sum_{j=3}^{n} p_{2j}c_{2j} - K_2 = p^*_{21}c_{21} + \sum_{j=3}^{n} \frac{c_{j2}(n-1) - K_j}{c_{j2}(n-1)} c_{2j} - K_2$$

$$p^*_{21} = \begin{cases} 1 & \text{für } E(s_{12}) = \sum_{j=2}^{n} p_{1j}c_{1j} - K_1 = \sum_{j=2}^{n} \frac{c_{j1}(n-1) - K_j}{c_{j1}(n-1)} c_{1j} - K_1 > 0 \\ 0 & \text{für } E(s_{12}) = \sum_{j=2}^{n} p_{1j}c_{1j} - K_1 = \sum_{j=2}^{n} \frac{c_{j1}(n-1) - K_j}{c_{j1}(n-1)} c_{1j} - K_1 < 0 \end{cases}$$

Formel 10 Erwartungswert des zweiten Akteurs in einem n-Personen-Netzwerk unter unvollständiger und perfekter Information

Die Berechnung des Erwartungswertes verändert sich derart, daß nun die Informationskosten an der Kante zu Akteur 1 mit p^*_{21} gewichtet wird. Der Gewichtungsfaktor p^*_{21} ist in diesem Kalkül eine Binärvariable, die im Falle, daß der Akteur 1 standardisiert, den Wert 1 annimmt. Entscheidet sich der Akteur 1 gegen eine Standardisierung, nimmt die Binärvariable den Wert 0 an. Die Binärvariable ist der mathematische Ausdruck dafür, daß der zweite Akteure eine sichere Zusatzinformation hat und diese in sein Kalkül mit einbezieht.

Der dritte Entscheider kann nicht nur das Verhalten des ersten, sondern auch das des zweiten Akteurs beobachten. Seine Informationsmenge hat sich im Vergleich zu den beiden ersten Akteuren vergrößert.

$$E(s_{32}) = p_{31}^{*}c_{31} + p_{32}^{*}c_{32} + \sum_{j=4}^{n} p_{3j}c_{3j} - K_3 = p_{31}^{*}c_{31} + p_{32}^{*}c_{32} + \sum_{j=4}^{n} \frac{c_{j3}(n-1) - K_j}{c_{j3}(n-1)} c_{3j} - K_3$$

$$p_{31}^{*} = \begin{cases} 1 & \text{für } E(s_{12}) = \sum_{j=2}^{n} p_{1j}c_{1j} - K_1 = \sum_{j=2}^{n} \frac{c_{j1}(n-1) - K_j}{c_{j1}(n-1)} c_{1j} - K_1 > 0 \\ 0 & \text{für } E(s_{12}) = \sum_{j=2}^{n} p_{1j}c_{1j} - K_1 = \sum_{j=2}^{n} \frac{c_{j1}(n-1) - K_j}{c_{j1}(n-1)} c_{1j} - K_1 < 0 \end{cases}$$

$$p_{32}^{*} = \begin{cases} 1 & \text{für } E(s_{22}) = p_{21}^{*}c_{21} + \sum_{j=3}^{n} p_{2j}c_{2j} - K_2 = p_{21}^{*}c_{21} + \sum_{j=3}^{n} \frac{c_{j2}(n-1) - K_j}{c_{j2}(n-1)} c_{2j} - K_2 > 0 \\ 0 & \text{für } E(s_{22}) = p_{21}^{*}c_{21} + \sum_{j=3}^{n} p_{2j}c_{2j} - K_2 = p_{21}^{*}c_{21} + \sum_{j=3}^{n} \frac{c_{j2}(n-1) - K_j}{c_{j2}(n-1)} c_{2j} - K_2 < 0 \end{cases}$$

Formel 11 Erwartungswert des dritten Akteurs in einem n-Personen-Netzwerk unter unvollständiger und perfekter Information

Die Erwartungswertberechnung des dritten Akteurs beinhaltet neben den unsicheren Einsparpotentialen auch die beiden Informationskosten zu Akteur 1 und 2, über die keine Unsicherheit bezüglich ihrer Einsparbarkeit herrscht. Das Entscheidungskalkül des dritten Akteurs weist zwei Binärvariablen auf, da man für die Akteure 1 und 2 getrennt eine Vorteilhaftigkeit feststellen muß, die wiederum Auswirkungen auf die Entscheidung des dritten Akteurs hat.

$$E(s_{i2}) = \sum_{j=1}^{i-1} p_{ij}^{*}c_{ij} + \sum_{j=i+1}^{n} p_{ij}c_{ij} - K_i = \sum_{j=1}^{i-1} p_{ij}^{*}c_{ij} + \sum_{j=i+1}^{n} \frac{c_{ji}(n-1) - K_j}{c_{ji}(n-1)} c_{ij} - K_i$$

$$p_{ij}^{*} = \begin{cases} 1 & \text{für } E(s_{j2}) = \sum_{i=1}^{j-1} p_{ji}^{*}c_{ji} + \sum_{i=j+1}^{n} p_{ji}c_{ji} - K_j = \sum_{i=1}^{j-1} p_{ji}^{*}c_{ji} + \sum_{i=j+1}^{n} \frac{c_{ij}(n-1) - K_i}{c_{ij}(n-1)} c_{ij} - K_j > 0 \\ 0 & \text{für } E(s_{j2}) = \sum_{i=1}^{j-1} p_{ji}^{*}c_{ji} + \sum_{i=j+1}^{n} p_{ji}c_{ji} - K_j = \sum_{i=1}^{j-1} p_{ji}^{*}c_{ji} + \sum_{i=j+1}^{n} \frac{c_{ij}(n-1) - K_i}{c_{ij}(n-1)} c_{ij} - K_j < 0 \end{cases}$$

Formel 12 Erwartungswert des i-ten Akteurs in einem n-Personen-Netzwerk unter unvollständiger und perfekter Information

Formel 12 zeigt das Entscheidungskalkül des i-ten Akteurs. Die erste Summe dient zur Berechnung der sicheren Einsparpotentiale auf Basis der Aktionen der früheren Entscheidungen. Die Binärvariablen nehmen entweder den Wert 0 oder 1 an, wobei auf die früheren Entscheidungskalküle verwiesen wird.

Die zweite Summe spiegelt die unsicheren Einsparpotentiale wieder, die durch einen geeigneten Schätzer gewichtet werden müssen. Hier wird stets in dieser Untersuchung der Schätzer auf Basis imitierten Verhalten unterstellt.

Für eine klarere Darstellung sollen die einzelnen Bestandteile des Kalküls noch einmal getrennt voneinander erörtert werden.

$$E(s_{i2}) = \underbrace{\sum_{j=1}^{i-1} p_{ij}^{*} c_{ij}}_{\substack{\text{Einsparpotentiale, über die keine Unsicherheiten} \\ \text{bezüglich ihrer Realisation bestehen. Betrachtet} \\ \text{werden Entscheidungen bis i-1,d.h. bis zum Akteur} \\ \text{vor dem zu ermittelnden Entscheider.}}} + \underbrace{\sum_{j=i+1}^{n} p_{ij} c_{ij}}_{\substack{\text{Unsichere Einsparpotentiale, die mit einem} \\ \text{Schätzer gewichtet werden müssen.}}} - \underbrace{K_i}_{\text{Kosten der Standardisierung}}$$

Formel 13 Allgemeines Entscheidungskalkül des i-ten Akteurs

Formel 13 verdeutlicht die drei Hauptbestandteile des Entscheidungskalküls, wobei die Summen unterschiedlich weit laufen. Die erste Summe bezieht sich auf die sicher zu bewertenden Einsparpotentiale, die daraus resultieren, daß der i-te Akteur das Verhalten aller Akteure vor ihm beobachten kann. Diese Summe läuft von dem ersten Akteur bis zum (i-1)-ten Entscheider. Die zweite Summe steht für die unsicheren einsparbaren Informationskosten der nachfolgenden Entscheider. Da sich diese Größen auf die nachgelagerten Akteure beziehen, beginnt die Summe bei i+1 und endet bei n. Der letzte Ausdruck stellt die Standardisierungskosten dar. Ist das Ergebnis dieses Erwartungswertes positiv, ist eine Standardisierung vorteilhaft, sofern der Entscheider keine Risikoprämie verlangt.

$$E(s_{i2}) = \sum_{j=1}^{i-1} p_{ij}^{*} c_{ij} + \sum_{j=i+1}^{n} \underbrace{\frac{c_{ji}(n-1) - K_j}{c_{ji}(n-1)}}_{\substack{\text{Wahrscheinlichkeitsschätz} \\ \text{für } p_{ij} \text{ durch imitiertes} \\ \text{Verhalten}}} c_{ij} - K_i$$

Formel 14 Entscheidungskalkül des i-ten Akteurs mit Wahrscheinlichkeitsschätzer

Ersetzt man den allgemeinen Ausdruck p_{ij} mit einem geeigneten Wahrscheinlichkeitsschätzer, so ergibt sich Formel 14 für das Entscheidungskalkül des i-ten Akteurs (vgl. Kapitel 3.2.2.3).

Die Nebenbedingungen stellen sicher, daß die Binärvariablen den Wert 1 annehmen, sofern der betreffende Akteur vorher eine Standardisierung durchgeführt hat und den Wert 0 im Falle, daß eine Standardisierung ausbleibt.

4. Ausgleichsmechanismen bei asymmetrischer Nutzenverteilung

Die spieltheoretische Analyse der dezentralen Entscheidungsproblematik bei Informations- und Kommunikationssystemen zeigt, daß im Vergleich zum netzweiten Optimum ein geringerer Standardisierungsgrad erreicht wird. Dieses Ergebnis resultiert aus der individuellen Nutzenmaximierung aller Akteure, bei der das netzweite Optimum zunächst einmal nicht berücksichtigt wird. Ein Netzteilnehmer wird nicht ohne weiteres zusätzliche Kosten auf sich nehmen, um einem anderen Akteure einen Vorteil zu verschaffen. Um dennoch den aus Gesamtsicht erwünschten Standardisierungsgrad zu realisieren, bedarf es geeigneter Ausgleichsmechanismen. Die Ermittlung und die Probleme solcher anreizkompatibler Koordinationsdesigns soll in diesem Kapitel untersucht werden. Es sollen Netzwerke verschiedener Größe mit vollständiger und unvollständiger Information analysiert werden. Die Ansätze werden hinsichtlich ihrer Effizienz spieltheoretisch bewertet und miteinander verglichen.

4.1 Koordinationsdesigns für statische Situationen bei vollständiger Information

Die Analyse statischer Entscheidungssituationen zeigte, daß es zu suboptimalen Ergebnissen insbesondere dann kommt, wenn sich die Vorteilhaftigkeitsbetrachtungen der Akteure grundlegend im Ergebnis unterscheiden. Da es bei statischer Betrachtung keine Lernprozesse gibt, muß zu Beginn der Entscheidungsphase das Ausgleichskonzept allgemein bekannt sein. Die Ausgleichszahlungen sind allerdings stets an das Verhalten der Akteure in dem Sinne gebunden, daß Zahlungen nur dann geleistet werden, wenn eine Standardisierung stattgefunden hat.

4.1.1 Konzepte für Netzwerke mit zwei Personen

Die Situation vollständiger Information in einem Netzwerk mit zwei Personen kann, wie in Kapitel 3.2.1.1 erörtert, als Bimatrix in Normalform dargestellt werden. Für die Analyse verschiedener Koordinationsdesigns soll von dem Fall ausgegangen werden, daß Akteur 2 eine beidseitige Standardisierung favorisiert, Akteur 1 allerdings keinen Vorteil durch die Standardisierung zieht ($c_{12}<K_1$ und $c_{21}>K_2$). Aus Gesamtsicht soll eine beidseitige Standardisierung einen positiven Effekt auf die netzweiten Kommunikationskosten haben ($c_{12}+c_{21}>K_1+K_2$). Das Gleichgewicht ohne Kompensationszahlungen ist die beidseitige Nichtstandardisierung, was aber aus Gesamtsicht suboptimal ist. Bezeichnet A_{21} die Kompensationszahlung, die Akteur 2 im Falle beidseitiger Standardisierung leistet, kann die Situation wie in Abbildung 29 dargestellt werden.

	Akteur 2	
Akteur 1	s_{21}	s_{22}
s_{11}	(c_{12},c_{21})	$(c_{12},c_{21}+K_2)$
s_{12}	$(c_{12}+K_1-\mathbf{A_{21}},c_{21}+\mathbf{A_{21}})$	$(K_1-\mathbf{A_{21}},K_2+\mathbf{A_{21}})$

Abbildung 29 Infrastrukturentscheidung mit Kompensationszahlung im Zweipersonennetz in Normalform

Die Standardisierungslösung (s_{12},s_{22}) wird erreicht, wenn gilt, daß die Standardisierungskosten des ersten Akteurs abzüglich der Kompensationszahlung kleiner ausfallen als die einsparbaren Informationskosten (Formel 15).

$$K_1 - A_{21} < c_{12}$$
$$A_{21} > K_1 - c_{12}$$

Formel 15 Bedingung für die Höhe der Kompensationszahlung aus Sicht des ersten Akteurs

Akteur 2 wird die Höhe der Kompensationszahlung so wählen, daß seine Einsparpotentiale höher sind als seine Standardisierungskosten inklusive Kompensationszahlung an Akteur 1 (Formel 16).

$$K_2 + A_{21} < c_{21}$$
$$A_{21} < c_{21} - K_2$$

Formel 16 Bedingung für die Höhe der Kompensationszahlung aus Sicht des zweiten Akteurs

Es ergibt sich aus den beiden Überlegungen bezüglich der Höhe der Kompensationszahlung eine Ober- und Untergrenze (Formel 17).

$$K_1 - c_{12} < A_{21} < c_{21} - K_2$$

Formel 17 Ober- und Untergrenze der Kompensationszahlung

Trotz der Kompensationszahlung ist die beidseitige Standardisierung nicht das einzige (Nash-)Gleichgewicht. Eine weitere Lösung besteht in der beidseitigen Nichtstandardisierung, wobei allerdings nach dem Kaldor-Hicks-Kriterium die beidseitige Standardisierung eindeutig vorzuziehen ist.

Die endgültige Höhe der Ausgleichszahlung ist durch diese Vorgehensweise allerdings nicht determiniert. Vielmehr ist die Kompensation Ergebnis von geschicktem Verhandeln innerhalb der oben definierten Ober- und Untergrenzen der beiden Akteure. Eine Methode zur "fairen" Ermittlung der Höhe der Kompensation soll im nächsten Kapitel erörtert werden.

4.1.1.1 Ausgleichsschlüssel über den *Return On Investment*

Eine Möglichkeit, die Höhe der Ausgleichszahlung zu ermitteln, ist die Bestimmung des *Return On Investment*[121] für das Gesamtnetz und die anschließende Umlage der Erträge auf alle Netzteilnehmer, so daß jeder Akteur eine ähnlich hohe Rendite erzielen kann. Es wird ein höherer Standardisierungsgrad auf Kosten der Teilnehmer mit überdurchschnittlichen Renditen erreicht. Da es sich bei Infrastrukturentscheidungen um Opportunitätskalküle in der Form handelt, daß zwischen zwei Kostengrößen ausgewählt wird, ist der *Return* der Investition nicht mit einem direkten *Cashflow* verbunden. Die ex post Analyse wird daher im Vergleich zum ex ante Kalkül keine grundsätzlich neuen Erkenntnisse liefern können.

In einem Netzwerk mit zwei Personen kann der ROI für das Gesamtnetz gemäß Formel 18 ermittelt werden.

---

[121] Vgl. Franke, Günter/Hax, Herbert: Finanzwirtschaft des Unternehmens und Kapitalmarkt, 3. Auflage, Berlin; Heidelberg; New York 1995, S.177-179.

$$ROI_{gesamt} = \frac{\text{Summe der Einsparpotentiale}}{\text{Summe der Standardisierungkosten}} - 1 = \frac{c_{12} + c_{21}}{K_1 + K_2} - 1$$

Formel 18 ROI für das Gesamtnetz mit zwei Personen

Bei negativem ROI ist eine beidseitige Standardisierung nicht optimal und es sollte keine entsprechende Technologie implementiert werden. Bei positivem ROI ist eine netzweite Standardisierung vorteilhaft und sollte angestrebt werden.
Zur Ermittlung der zu leistenden Kompensationszahlung (A) wird die individuelle Ermittlung des ROI herangezogen (Formel 19).

$$ROI_i = \frac{c_{ij} + A}{K_i} - 1 \overset{!}{=} \frac{c_{12} + c_{21}}{K_1 + K_2} - 1 = ROI_{gesamt}$$

Formel 19 Individueller ROI im Zweipersonennetzwerk

Bei einem positiven Kompensationsbetrag (A) kann der Akteur i mit einer zusätzlichen Zahlung seitens des Teilnehmers j rechnen. Negative Werte bezeichnen eine zu zahlende Kompensation. Im Netzwerk mit zwei Personen entsprechen sich die beiden Kalküle, so daß die Berechnung für einen Akteur prinzipiell ausreicht (Formel 20).

$$A^* = \frac{c_{12} + c_{21}}{K_1 + K_2} K_i - c_{ij}$$

Formel 20 Gleichgewichtige Ausgleichszahlung im Zweipersonennetzwerk

Die Ermittlung der Kompensation mittels des ROI hat den Vorteil, daß gewährleistet wird, daß jeder Teilnehmer mit einer positiven Rendite kalkulieren kann. Die Vorgehensweise kann als "fair" bezeichnet werden, da die Zahlungen keinen Teilnehmer übervorteilen.

4.1.1.2 Beurteilung der Gleichgewichte bei Kompensation mittels ROI

Erweitert man das Spieltableau aus Kapitel 4.1.1 um die über den ROI ermittelte Kompensation, ergibt sich folgende Situation in Normalform (Abbildung 30).

	Akteur 2	
Akteur 1	s_{21}	s_{22}
s_{11}	(c_{12},c_{21})	$(c_{12},c_{21}+K_2)$
s_{12}	$(c_{12}+K_1-\mathbf{A_*},c_{21}+\mathbf{A_*})$	$(K_1-\mathbf{A^*},\mathbf{K2+A^*})$

Abbildung 30 Infrastrukturentscheidung mit Kompensationszahlung mittels ROI im Zweipersonennetz in Normalform

Für die Kompensationszahlung gilt:

$$A^* = \left| \frac{c_{12}+c_{21}}{K_1+K_2} K_1 - c_{12} \right|$$

Formel 21 Kompensation im Zweipersonennetz

Die gleichgewichtige Kompensation (A*) muß hierbei in Betragsstrichen gesetzt werden, da das Vorzeichen durch den Ausdruck in der Tabelle bereits determiniert ist.

Eine geeignete Kompensation muß wie in Kapitel 4.1.1 beschrieben, in dem Intervall (K1-c12)<A<(c21-K2) liegen. Der hier auf Basis des ROI ermittelte Kompensationsbetrag erfüllt diese Bedingung (Formel 22).

$$K_1 - c_{12} < \left| \underbrace{\frac{c_{12}+c_{21}}{K_1+K_2}}_{>1} K_1 - c_{12} \right| = A^*$$

$$c_{21} - K_2 > \underbrace{\left| c_{21} - \underbrace{\frac{c_{12}+c_{21}}{K_1+K_2}}_{>1} K_2 \right|}_{\text{Da hier nur der Betrag von Interesse ist, dürfen die Differenz vertauscht werden.}} = A^*$$

$$\text{u.d.B.} \quad c_{12} < K_1$$
$$c_{21} > K_2$$
$$c_{12} + c_{21} > K_1 + K_2$$

Formel 22 Beweis für die Eignung der Ermittlung der Kompensationszahlung über den ROI

Die Ermittlung der Kompensationszahlung über den ROI ist eine geeignete Methode, um in einem Netzwerk eine beidseitige Standardisierung zu realisieren. Das sich ergebende (Nash-)Gleichgewicht ist pareto-optimal und auch bezüglich des Kaldor-Hicks-Kriteriums optimal.

Im Rahmen der Kompensationsermittlung ist allerdings neben den Optimalitätskriterien auch die Stabilität bei versehentlich falscher Wahl der Strategie von Bedeutung. Das in Kapitel 2.3.4.3 erörterte Konzept der Trembling-Hand-Perfektheit soll hier auf seine Anwendbarkeit untersucht werden. Zunächst soll die Fehlerwahrscheinlichkeit des ersten Akteurs hinsichtlich des Gleichgewichts (s_{12},s_{22}) untersucht werden.

$$E(s_{11}) = \varepsilon_2 c_{12} + (1 - \varepsilon_2)c_{12} < \varepsilon_2(c_{12} + K_1 - A^*) + (1 - \varepsilon_2)(K_1 - A^*) = E(s_{12})$$

$$\Rightarrow \quad \varepsilon_2 > 1 - \frac{K_1 - A^*}{c_{12}}$$

Formel 23 Ermittlung der kritischen Irrtumswahrscheinlichkeit des zweiten Akteurs

Schätzt Akteur 1 die Fehlerwahrscheinlichkeit (e_2), daß Akteur 2 irrtümlicherweise Strategie 1 wählt, über dem ermittelten Term, wird er Strategie 1 vorziehen (Formel 23).

$$E(s_{21}) = \varepsilon_1 c_{21} + (1 - \varepsilon_1)(c_{21} + A^*) < \varepsilon_1(c_{21} + K_2) + (1 - \varepsilon_1)(K_2 + A^*) = E(s_{22})$$

$$\Rightarrow \quad \varepsilon_1 > 1 - \frac{K_2}{c_{21}}$$

Formel 24 Ermittlung der kritischen Irrtumswahrscheinlichkeit des zweiten Akteurs

Akteur 2 wählt ebenfalls Strategie 1, wenn seine Einschätzung (e_1), daß Netzteilnehmer 1 mit "zitternden Hand" wählt, größer ist als der angegebene Schwellenwert (Formel 24).

Man kann feststellen, daß das Gleichgewicht nicht trambling-hand-perfekt im engen Sinne ist, d.h. es sind Fehlerwahrscheinlichkeiten denkbar, bei denen es zu anderen Gleichgewichten kommen kann.

4.1.2 Konzepte für Netzwerke mit n Personen

Möchte man das Ausgleichskonzept für zwei Akteure mittels des ROI auf den allgemeinen Fall mit n Beteiligten übertragen, müssen sowohl das netzweite Kalkül als auch die individuellen Situationen der Akteure um die relevanten Größen erweitert werden. Die Ermittlung des ROI aus Gesamtsicht kann mit der Formel 25 beschrieben werden.

$$ROI_{gesamt} = \frac{\sum_{i=1}^{n} \sum_{\substack{j=1 \\ i \neq j}}^{n} c_{ij}}{\sum_{i=1}^{n} K_i} - 1$$

Formel 25 ROI für das Gesamtnetz mit n Personen

Das individuelle Kalkül beinhaltet alle Kompensationszahlungen (Aij), die Akteur i erhält bzw. die dieser zahlt (Formel 26).

$$ROI_i = \frac{\sum_{\substack{j=1 \\ i \neq j}}^{n} c_{ij} + \sum_{\substack{j=1 \\ i \neq j}}^{n} A_{ij}}{K_i} - 1$$

Formel 26 Individueller ROI des i-ten Akteurs im n-Personen-Netzwerk

Diese Betrachtung hat den Nachteil, daß nicht ausgeschlossen werden kann, daß bei einer linearen Optimierung sowohl Kompensationszahlungen geleistet als auch empfangen werden.

Die Höhe der Kompensationszahlungen kann durch Gleichsetzen der beiden Terme (Formel 25 und 26) ermittelt werden (Formel 27) .

$$ROI_{gesamt} = \frac{\sum_{i=1}^{n} \sum_{\substack{j=1 \\ i \neq j}}^{n} c_{ij}}{\sum_{i=1}^{n} K_i} - 1 \overset{!}{=} \frac{\sum_{\substack{j=1 \\ i \neq j}}^{n} c_{ij} + \sum_{\substack{j=1 \\ i \neq j}}^{n} A_{ij}}{K_i} - 1 = ROI_i$$

$$\Rightarrow \sum_{\substack{j=1 \\ i \neq j}}^{n} A_{ij} = \frac{\sum_{i=1}^{n} \sum_{\substack{j=1 \\ i \neq j}}^{n} c_{ij}}{\sum_{i=1}^{n} K_i} K_i - \sum_{\substack{j=1 \\ i \neq j}}^{n} c_{ij}$$

Formel 27 Ermittlung der Kompensationszahlung für den i-ten Akteur

Diese Vorgehensweise bedingt allerdings eine Optimierung aus Gesamtsicht in der Weise, daß bekannt ist, welcher Akteur überhaupt an der Standardisierung teilnehmen soll. Liegt eine solche Analyse zugrunde, wird durch die Vorgehensweise eine Schlüsselung ermöglicht, die individuelle Verluste kompensiert. Geht man allerdings von der Satisfizierungsannahme aus, die keineswegs eine optimale Lösung fordert, kann diese Berechnung auch für Netze, bei denen das aus Gesamtsicht ermittelte Optimum unbekannt ist, durchgeführt werden.

4.2 Koordinationsdesigns für statische Situationen bei unvollständiger Information

Entscheidungen unter unvollständiger Information sind dadurch gekennzeichnet, daß die Beteiligten nicht über alle relevanten Daten informiert sind. Sie entscheiden sich aufgrund von Schätzungen der unbekannten Größen und versuchen, durch geschickt gewählte Schätzmethoden die Wahrscheinlichkeit einer Fehlentscheidung möglichst gering zu halten. Ausgleichszahlungen sind von daher eine Weiterführung dieser statistischen Methoden und knüpfen an die in Kapitel 4.1 diskutierten Verfahren an. Im Folgenden soll deshalb die Möglichkeit der Zwischenschaltung einer zentralen Instanz betrachtet werden (Abbildung 31). Die zentrale Instanz ist damit beauftragt, alle relevanten Informationen zu sammeln und ein Ausgleichssystem zu entwerfen.

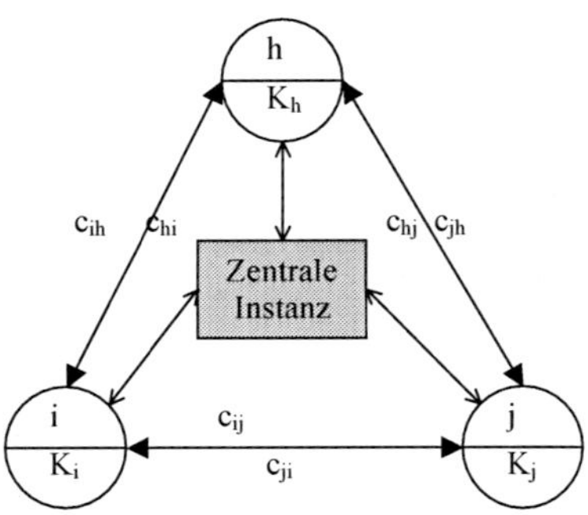

Abbildung 31 Netzwerk mit drei Akteuren mit zentraler Koordinationsinstanz

Die Zwischenschaltung einer zentralen Koordinationsinstanz hat den Vorteil, daß weniger Kommunikationswege notwendig sind, um die notwendigen Informationen zu beschaffen. Die zentrale Instanz muß mit n Akteuren in Kontakt treten, um sich ein Bild über das Netzwerk zu machen. Ohne eine zentrale Koordinationsstelle sind n(n-1) Kontakte notwendig, damit jeder im Netz alle relevanten Informationen erhält. Weiterhin kann die Beauftragung einer Koordinationsstelle Vertrauen dahingehend schaffen, daß Informationen, die nicht für alle Netzpartner einsehbar sein sollen, geheim bleiben. Eine Umverteilung nach dem Prinzip des ROI kann von dieser *"Clearing"* Stelle als Methode zur Kompensation herangezogen werden, wobei noch die Kosten für die zentrale Instanz zu berücksichtigen sind.

4.3 Kostenverteilung bei Koordination über eine zentrale Instanz

Die zentrale Koordinationsinstanz entscheidet netzweit über das optimale Verhalten der einzelnen Akteure. Man überführt die dezentrale Entscheidungssituation mit Unsicherheit bei allen Beteiligten in eine Situation zentraler Entscheidungsfindung mit nahezu keiner Unsicherheit, wobei allerdings zusätzliche Kosten anfallen. Diese zusätzlichen Kosten, die zur Überwindung von asymmetrischer Informationsverteilung und der daraus resultierenden Gefahr opportunistischen Verhaltens anfallen, nennt man *agency-costs*.[122] Sie führen zu einem Wohlfahrtsverlust, der sich in dem hier zu diskutierenden Fall im Vergleich zum Idealfall in der Verringerung des netzweiten ROI widerspiegelt.

Trotz dieses Verlustes kann die Situation aus Gesamtsicht vorteilhafter sein als das Ergebnis dezentraler Koordination.

Die Kosten für die zentrale Koordinationsstelle (K_I) erhöhen die aggregierten Standardisierungskosten und führen formal zu einer Erhöhung des Nenners im netzweiten Kalkül zu Ermittlung des ROI_{gesamt} (Formel 28).

---

122 Vgl. Schmidt, Reinhard H./Terberger, Eva: Grundzüge der Investitions- und Finanzierungstheorie, 4. Auflage, Wiesbaden 1997, S. 405.

$$ROI_{gesamt} = \frac{\sum_{i=1}^{n} \sum_{\substack{j=1 \\ i \neq j}}^{n} c_{ij}}{\sum_{i=1}^{n} K_i + \underbrace{K_I}_{\substack{\text{Koordinations-} \\ \text{kosten}}}} - 1$$

Formel 28 ROI für das Gesamtnetz mit n Personen und zentraler Koordinationsinstanz

Die Verteilung auf die einzelnen Akteure ist unter der Zielsetzung, daß jeder Teilnehmer mit einer ähnlich hohen Rendite kalkulieren kann, unerheblich, da ein höherer Kostenanteil an der zentralen Koordinationsstelle mit niedrigeren zu leistenden Kompensationszahlungen verbunden ist. Für Teilnehmer, die Kompensationszahlungen erwarten können, erhöhen sich diese durch die Übernahme eines Kostenanteils. Das individuelle Kalkül jedes Teilnehmers kann daher ohne Auswirkung auf das Ergebnis seiner Entscheidung bzw. auf den Standardisierungsgrad innerhalb des zu betrachtenden Netzwerkes durch prozentuale Kostenverrechnung (1/n) erweitert werden (Formel 29).

$$ROI_i = \frac{\sum_{\substack{j=1 \\ i \neq j}}^{n} c_{ij} + \sum_{\substack{j=1 \\ i \neq j}}^{n} A_{ij}}{K_i + \frac{1}{n} K_I} - 1$$

Formel 29 Individueller ROI des i-ten Akteurs im n-Personen-Netzwerk mit prozentualem Kostenanteil für die zentrale Koordinationsinstanz

Die Höhe der Kompensationszahlung ergibt sich aus der Gleichsetzung des individuellen ROI_i und des ROI_{gesamt} (Formel 30).

$$ROI_{gesamt} = \frac{\sum_{i=1}^{n} \sum_{\substack{j=1 \\ i\ \ j}}^{n} c_{ij}}{\sum_{i=1}^{n} K_i + K_I} - 1 \stackrel{!}{=} \frac{\sum_{\substack{j=1 \\ i\ \ j}}^{n} c_{ij} + \sum_{\substack{j=1 \\ i\ \ j}}^{n} A_{ij}}{K_i + \frac{1}{n} K_I} - 1 = ROI_i$$

$$\Rightarrow \quad \sum_{\substack{j=1 \\ i\ \ j}}^{n} A_{ij} = \frac{\sum_{i=1}^{n} \sum_{\substack{j=1 \\ i\ \ j}}^{n} c_{ij}}{\sum_{i=1}^{n} K_i + K_I} (K_i + \tfrac{1}{n} K_I) - \sum_{\substack{j=1 \\ i\ \ j}}^{n} c_{ij}$$

Formel 30 Ermittlung der Kompensationszahlung für den i-ten Akteur mit prozentualem Kostenanteil für die zentrale Koordinationsinstanz

5. Empirische Untersuchung in der Konsumgüterbranche

In diesem Kapitel sollen die in den vorherigen Abschnitten entwickelten Ansätze zur Koordination von Infrastrukturentscheidungen innerhalb von Netzwerken auf eine empirische Untersuchung in einer Sparte der Konsumgüterindustrie angewendet werden. Die Fallstudie wurde von Diplom-Volkswirt Roman Beck durchgeführt und für die Analyse im Rahmen dieser Untersuchung freundlicherweise zur Verfügung gestellt. Aus Gründen des Datenschutzes dürfen die Sparte und die darin angesiedelten Firmen nicht explizit aufgeführt werden. Die betrachtete Branche ist durch ihr Größe und Struktur repräsentativ für den Konsumgütermarkt. Die Daten wurden mittels Fragebögen, die an die wichtigsten Unternehmen der Branche geschickt wurden, erhoben und stellen eine gute Ausgangslage für weiterführende Analysen dar. Untersuchungsgegenstand ist die derzeitige Verbreitung von EDI in der Branche und die sich ergebenden Kosten und Einsparpotentiale durch die Implementierung der notwendigen Systeme. Die Branche ist durch eine große Anzahl Fachhändler, die in der Größe zwischen kleinen, inhabergeführten Familienunternehmen und großen Filialisten variieren, geprägt. Die Fachhändler verkaufen an Endkunden und stellen innerhalb der Wertschöpfungskette das marktnaheste Segment dar. Unter den Fachhändlern existieren keine marktbeherrschenden Unternehmen und keine Betriebe mit ausgereifter IT-Infrastruktur. Die Zulieferindustrie zeichnet sich ebenfalls durch stark heterogene Firmengrößen ohne marktbeherrschenden Einfluß eines Unternehmens aus.

Für die Konsumgüterindustrie ist besonders die EDI-Lösung EDIFACT Subset EANCOM relevant.[123] Zunächst soll ein kurzer Überblick über EDI und EDIFACT gegeben werden. Darauf aufbauend sollen die relevanten Parameter für Fachhändler und Zulieferer ermittelt werden. Diese Überlegungen stellen die Grundlage für die anschließende Gleichgewichtsanalyse dar.

---

123 Vgl. Buxmann, Peter/König, Wolfgang/Weitzel, Tim/v. Westarp, Falk: Innovationen im Bereich der B2B-Kommunikation -Fallstudien und technische Lösungen zu WebEDI-, online: http://caladan.wiwi.uni-frankfurt.de/westarp/publ/B2Bcom/innov.pdf, [24.11.2000].

5.1 Grundlagen von Electronic Data Interchange

Das EDI-Konzept stellt einen Versuch dar, Geschäftsdokumente, die zwischen Unternehmen ausgetauscht werden, elektronisch ohne Medienbrüche an den Adressaten zu senden.[124] Typische Dokumente sind Bestell- und Lieferscheine, Rechnung oder ähnliches. Ziel ist dabei eine medienbruchlose Kommunikation zwischen den Beteiligten.[125] Da viele Unternehmen ERP-Systeme implementiert haben, biete sich eine elektronische Generierung und Zustellung von Geschäftsdokumenten an. Trotz Verfügbarkeit moderner Informationstechniken werden die meisten Geschäftsdokumente auf konventionelle Art (Brief, Telefon oder FAX) verschickt (Abbildung 32).

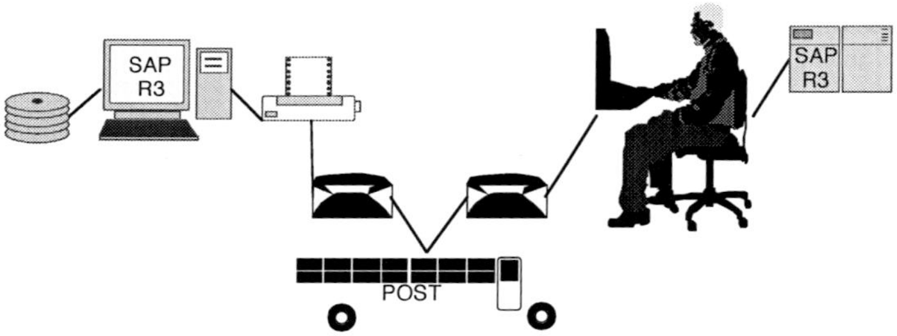

Abbildung 32 Exemplarischer Bestellprozeß ohne EDI

Es existieren EDI-Regelwerke, welche präzisieren, wie ein Dokument strukturiert sein sollte (Abbildung 33). Seit der ersten EDI-Anwendung Mitte der sechziger Jahre des Londoner Flughafens Heathrow bzw. des MAN Konzerns entstanden unterschiedliche, branchenspezifische EDI-Konzepte, die zu Kompatibilitätsproblemen führten.

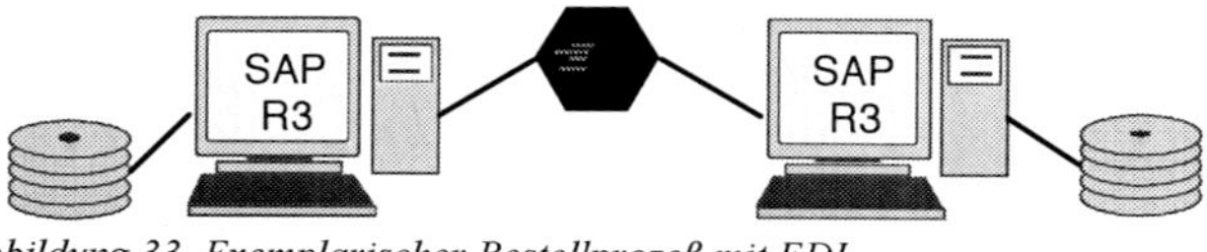

Abbildung 33 Exemplarischer Bestellprozeß mit EDI

---

[124] Vgl. Buxmann, Peter/König, Wolfgang/Weitzel, Tim/v. Westarp, Falk: The Status Quo And The Future Of EDI, online: http://caladan.wiwi.uni-frankfurt.de/westarp/publ/webedi/WebEDI.htm, [Stand 24.11.2000].

[125] Vgl. Hasenkamp, Ulrich/Stahlknecht, Peter: Einführung in die Wirtschaftsinformatik, 9. Auflage, Berlin; Heidelberg; New York u.a. 1999, S.400-407.

EDIFACT (Electronic Data Interchange for Administration, Commerce and Transport) sollte 1987 eine branchenübergreifende Standardisierung gewährleisten, was allerdings wegen der enormen Komplexität nur eingeschränkt gelang. Auf EDIFACT basierend bildeten sich wiederum branchenspezifische Lösungen heraus, die Subsets genannt werden. Die Subsets beinhalten nur Teile des EDIFACT-Regelwerks und sind aufwärtskompatibel, was einen entscheidenden Vorteil gegenüber den brancheneigenen EDI-Regelwerken bringt.[126] In der Konsumgüterbranche ist der Subset EANCOM (Europeen Article Numbering Communication Association) weit verbreitet. EANCOM ist mit weltweit 30.000 Nutzern das am weitesten verbreitete EDIFACT-Subset.

5.2 Technische Voraussetzungen für Electronic Data Interchange

Der Einsatz von EDI zum zwischenbetrieblichen Datenaustausch setzt gewisse technische Systeme voraus, die von den miteinander kommunizierenden Geschäftspartnern zur reibungslosen Abwicklung implementiert werden müssen. Grundlage für klassisches EDI, d.h. für voll elektronischen Datenaustausch, ist ein Warenwirtschaftssystem, welches Daten speichert, verwaltet und gegebenenfalls die zu verschickenden Dokumente generiert. Daran direkt angeschlossen ist die Lagerwirtschaftsanwendung, welche die Lagerhaltung, Lagerzu- und abgänge, erfaßt. Das Versandabwicklungssystem, Zu- und Abgangskontrollen und Fakturierungsanwendungen stellen weitere Komponenten des Warenwirtschaftssystems dar. Viele kleine Fachhändler verfügen allerdings nicht über solche EDV-Systeme, weil dies zu erheblichen finanziellen und organisatorischen Aufwendungen führen würde. Für den elektronischen Austausch sind weiterhin spezielle Module notwendig, die ansonsten keine weiteren Funktionen haben und somit spezifische Investitionen darstellen. Man benötigt ein Selektionsprogramm, das die relevanten Daten aus den Anwendungsprogrammen extrahiert. Ein Konverter transformiert diese Daten in eine EDI-Nachricht,

126 Vgl. Hasenkamp, Ulrich/Stahlknecht, Peter: Einführung in die Wirtschaftsinformatik, 9. Auflage, Berlin; Heidelber; New York u.a. 1999, S.406.

die mittels geeigneter Schnittstellen über einen Netzdienst verschickt werden. Eine Schnittstelle könnte bspw. eine ISDN-Karte oder ein herkömmliches Modem sein, das via Internet die Nachricht an den Empfänger weiterleitet. Aus Gründen der Sicherheit werden die Nachrichten allerdings meistens nicht über das frei zugängliche Internet verschickt. Vielmehr werden teure VANs (Value Added Networks) zum Transport der EDI-codierten Nachrichten genutzt. VANs sind abgeschlossene Netzwerke, die von bspw. IBM angeboten werden und nutzungsabhängig abgerechnet werden. Sichere Verschlüsselungsmethoden sorgen dafür, daß die Verwendung des Internets als Netzinfrastruktur immer größere Akzeptanz findet.

Neue Ansätze zur Reduktion der Implementierungskosten für EDI-Systeme zielen auf die Nutzung des quasi kostenlosen Internets ab. Konzepte wie Web-EDI oder Internet-EDI[127] können allerdings im Rahmen dieser Studie nicht untersucht werden.

5.3 Kosten und Einsparpotentiale auf Fachhändlerseite

Die sich durch die Implementierung und Nutzung von EDI ergebenden Kosten können anhand der Angaben der Firmen ermittelt werden, wobei von Durchschnittswerten ausgegangen wird. Die Einsparpotentiale durch den Einsatz eines adäquaten EDI-Systems werden im Anschluß an die Kostenanalyse ermittelt. Diese Kalküle stellen die Grundlage für die Vorteilhaftigkeitsrechnung für die Fachhändlerseite dar.

5.3.1 Kostensituation

Anhand der Antworten der Fachhändler in der hier verwendeten Studie kann man eine Kostenkalkulation für fünf Jahre durchführen, wobei von folgenden Rahmenbedingungen ausgegangen wird. Man kalkulierte mit 230 Arbeitstagen pro Jahr mit jeweils 7,5 Arbeitsstunden.

---

[127] Vgl. Buxmann, Peter/Kronenberg, Ralf/Ladner, Frank/Weitzel, Tim: Erfolgsfaktor Standard: Internet-basierte Kooperationen mit WebEDI und XML/EDI, online: http://caladan.wiwi.uni-frankfurt.de/IWI/projectb3/deu/publikat/artikelwebedi/index.html, [Stand 18.11.2000].

Die Personalkosten für die Systembetreuung wurden mit 40 DM/Stunde angegeben, wobei ein zeitlicher Aufwand von 30 Tage unterstellt wurde. Die Wartungskosten für ein EDI-System der Größenordnung für KMUs wurden pauschal mit 585 DM angesetzt. Weiterhin fallen Gebühren für die Nutzung eines zentralen Servers, der zentrale Stammdaten bereitstellt, in Höhe von 1020 DM p.a. an. Das Investitionsvolumen des EDI-Systems beträgt 4050 DM, was als sehr günstig zu bewerten ist.

Im Durchschnitt werden vom Einzelhändler vier EDI-Bestellungen am Tag getätigt, wobei jede Nachricht Übertragungskosten von 0,52 DM verursacht. Weiterhin wird in der Studie unterstellt, daß eine jährliche um 5% abnehmende Wachstumsrate der EDI-Nachrichten von 25% zu erwarten ist.

Bei linearer Abschreibung auf fünf Jahre ergibt sich damit folgende jährliche Kostensituation (exemplarische Berechnung der Werte für das erste Jahr):

1. Jahr :

Übertragungskosten $230 \frac{Arbeitstage}{Jahr} \times 4 \frac{Bestellungen}{Arbeitstag} \times 0{,}52 \frac{DM}{Bestellung} = 478{,}40 \frac{DM}{Jahr}$

Systembetreuungskosten $30 \frac{Arbeitstage}{Jahr} \times 7{,}5 \frac{Stunden}{Arbeitstage} \times 40 \frac{DM}{Stunde} = 9000 \frac{DM}{Jahr}$

Wartungskosten pauschal $585 \frac{DM}{Jahr}$

Abschreibung $\frac{4050\ DM}{5\ Jahre} = 810 \frac{DM}{Jahr}$

Servergebühren pauschal $1020 \frac{DM}{Jahr}$

Zu einer 5jährigen Betrachtung erhalten wir folgende Kostenbetrachtung:

EDI bei KMUs	**1. Jahr**	**2. Jahr**	**3. Jahr**	**4. Jahr**	**5. Jahr**
Übertragungskosten	478,40	598	717,60	825,24	907,92
Systembetreuungskosten	9.000	9.000	9.000	9.000	9.000
Wartungskosten	585	585	585	585	585
Abschreibung	810	810	810	810	810
Servergebühr	1.020	1.020	1.020	1.020	1.020
Summe	11.893,40	12.013	12.132,60	12.240,24	12.322,92

Abbildung 34 Kostenplan für EDI bei KMUs (Angaben in DM)

Bei einem in der Studie angenommenen kalkulatorischen Zinssatz von 4% errechnet sich ein Barwert der zu tätigenden Investition zum Entscheidungszeitpunkt t_0 in Höhe von 53.920,04 DM (Formel 31):

$$BW_0 = \frac{11893,4}{1,04} + \frac{12013}{1,04^2} + \frac{12132,6}{1,04^3} + \frac{12240,24}{1,04^4} + \frac{12322,92}{1,04^5} \cong 53920,04 \text{ DM}$$

Formel 31 Barwert der Investitionshöhe für EDI in t_0

5.3.2 Einsparpotentiale

Die Einsparpotentiale für die Fachhändler bestehen vor allem im Wegfall der Kosten im Zuge traditioneller Bestellvorgänge. Unter traditionellen Bestellvorgängen versteht man die Abwicklung via Fax oder Telefon, wobei im Rahmen dieser Untersuchung die Bestellung mittels Faxübertragung betrachtet wird. Es wird wiederum ein Planungshorizont von 5 Jahren betrachtet. Im ersten Jahr werden 4 Bestellungen pro Tag betätigt und in den folgenden Jahren wird mit einer Steigerung der Bestellfrequenz wie im Fall der EDI-Bestellung von 25% mit jährlich 5%iger Abnahme kalkuliert. Bestellungen via Fax verursachen Materialkosten für Papier und Schreibmaterial. Weiterhin fallen Personalkosten für die Bearbeitung und Gebühren für die Benutzung des Telefonnetzes an. In der durchgeführten Fallstudie wurden die Übertragungskosten mit 1 DM pro Nachricht und die Bearbeitungszeit mit 2 Minuten angesetzt. Die Materialkosten wurden in der Studie mit 0,12 DM pro Nachricht veranschlagt. Die Kosten für das Faxgerät wurden nicht angesetzt, da die Investition i.d.R. unter 700 DM liegt und außerdem nicht spezifisch nur für Bestellungen genutzt wird. Der Kostenverlauf kann dann folgendermaßen dargestellt werden (exemplarische Berechnung der Werte für das erste Jahr):

1. Jahr :

Materialkosten $230 \frac{Arbeitstage}{Jahr} \times 4 \frac{Bestellungen}{Arbeitstag} \times 0{,}12 \frac{DM}{Bestellung} = 110{,}40 \frac{DM}{Jahr}$

Übertragungskosten $230 \frac{Arbeitstage}{Jahr} \times 4 \frac{Bestellungen}{Arbeitstag} \times 1 \frac{DM}{Bestellung} = 920 \frac{DM}{Jahr}$

Bearbeitungskosten $230 \frac{Arbeitstage}{Jahr} \times 4 \frac{Bestellungen}{Arbeitstag} \times 2 \frac{Minuten}{Bestellung} \times \frac{40}{60} \frac{DM}{Minute} = 1226{,}70 \frac{DM}{Jahr}$

FAX bei KMUs	1. Jahr	2. Jahr	3. Jahr	4. Jahr	5. Jahr
Materialkosten	110,40	138	165,60	190,44	209,48
Übertragungskosten	920	1.150	1.380	1.587	1.746
Bearbeitungskosten	1.226,70	1.533,40	1.840	2.116	2.328
Summe	2.257	2.821	3.386	3.893	4.283

Abbildung 35 Kostenplan für FAX bei KMUs (Angaben in DM)

Bei dem in der Studie angenommenen kalkulatorischen Zinssatz von 4% ergibt sich ein Barwert in t_0 in Höhe von 14.636,58 DM (Formel 32):

$$BW_0 = \frac{2257}{1{,}04} + \frac{2821}{1{,}04^2} + \frac{3386}{1{,}04^3} + \frac{3893}{1{,}04^4} + \frac{4283}{1{,}04^5} \cong 14636{,}58 \text{ DM}$$

Formel 32 Barwert der Investitionshöhe für FAX in t_0

5.3.3 Vorteilhaftigkeitskalkül für Fachhändler

Im Vergleich scheinen Bestellungen via FAX für Fachhändler die dominante Strategie zu sein, da die Kosten für EDI in dem betrachteten Zeitraum mehr als dreifach (53.290DM/14.636DM) so hoch ausfallen. Eine Implementation wäre nicht vorteilhaft und würde bei dezentraler Koordination keine gleichgewichtige Strategie ergeben. Man muß allerdings dabei bedenken, daß wesentliche Vorteile von EDI in der Kalkulation nicht berücksichtigt wurden. Die Qualität der Bestellungen nämlich, die sich darin äußert, daß weniger Fehler durch Medienbrüche entstehen und die sich entscheidend durch den Einsatz von EDI verbessert, wurde nicht berücksichtigt. Ebensowenig wurde auf die Vorteilhaftigkeit in Bezug auf die Bestandsaufnahme und die daraus resultierende verbesserte Verfügbarkeit der Produkte eingegangen. Weiterhin wurden mögliche EDI-Bestellungen von Großkunden nicht in der Kalkulation berücksichtigt.

5.4 Ausgangssituation der Lieferanten und Hersteller

Die Lieferanten- und Herstellerbefragung zeigte, daß alle Unternehmen ein Warenwirtschaftssystem einsetzen und alle mindestens eine EDI-Schnittstelle nach außen implementiert haben. Das meist eingesetzt System ist R3 von SAP mit über 54% Verbreitungsgrad. Das ältere R2 System ist mit 15% Verbreitung ebenfalls stark vertreten (Abbildung 36).

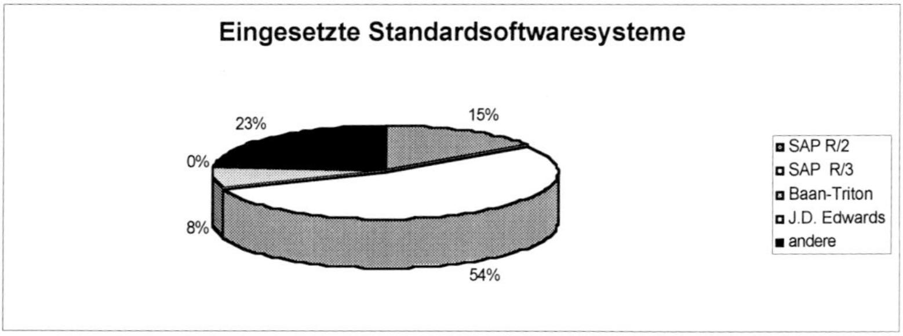

Abbildung 36 Verbreitung der ERP-Systeme bei Herstellern und Lieferanten

Die meist verbreitetste EDIFACT-Lösung in der zitierten Branche ist mit 75% Verbreitungsgrad EANCOM, gefolgt von SEDAS mit 16,6%. Zu den Gründen für den Einsatz von EDI gaben die Firmen an erster Stelle an, daß eine erhebliche Zeitersparnisse zu verzeichnen ist und die Qualität der Kommunikation entscheidend zugenommen habe (Abbildung 37). 80% der Befragten haben Kostengründe als sehr wichtig und eher wichtig angegeben. Trotz der weiten Verbreitung haben die Lieferanten und Hersteller ausschließlich EDI-Kontakte zum Fachhandel, Großhandel und Branchenfremden, nicht jedoch mit ihren Lieferanten.

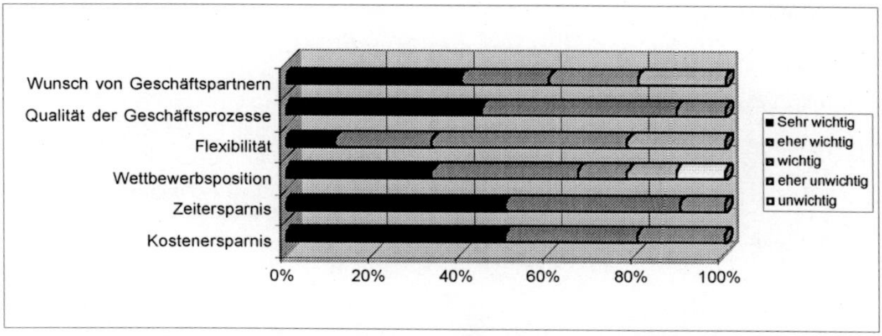

Abbildung 37 Bedeutung von EDI für Lieferanten und Hersteller

70% der EDI-Nachrichten werden mit Fach- und Großhändlern abgewickelt, die restlichen 30% mit branchenfremden Firmen. Insgesamt gaben die Firmen allerdings an, daß nur im Durchschnitt mit 1,51% der Händler EDI genutzt wird.
Die meisten Unternehmen erreichen der Umfrage nach keinen profitablen Einsatz von EDI (67%). Die Kosten (Fixkosten und jahresfixe Kosten) wurden im Durchschnitt weit über den Einsparpotentialen angegeben.

5.5 Ergebnis und Handlungsempfehlung

Die empirische Studie zeigt, daß weder der Fachhandel noch die Lieferanten und Hersteller von EDI profitieren. Für die meisten Fachhändler ist eine EDI-Lösung im Vergleich zu herkömmlichen Kommunikationssystemen wie FAX zu teuer. Die Lieferanten und Hersteller, die schon EDI-fähige ERP-Systeme im Einsatz haben, können ihre EDI-Konverter nicht rentabel auslasten und erreichen keine profitable Nutzungsfrequenz. Die im Zuge der Implementierung des EDI-Systems entstandenen Kosten stellen im großen Maße Fixkosten dar, die für eine weitere Handlungsempfehlung allerdings wie *"sunk costs"* betrachtet werden können. Die getätigten Investitionen können nicht durch Wiederverkauf revidiert werden und sind somit für weitere Entscheidungskalküle irrelevant. Die jahresfixen Kosten sind allerdings auch für weitere Betrachtungen zu berücksichtigen, da sie nicht zwangsläufig anfallen.

Die Lieferanten und Hersteller würden durch eine höhere Bestellfrequenz seitens der Fachhändler profitieren, da sich die Fixkosten auf mehr Bestellungen verteilen und damit eine Fixkostendegression erreicht würde.

Der Fachhandel wird ohne entsprechende finanzielle Unterstützung nicht in der breiten Masse EDI-Systeme einsetzen, da die Einsparpotentiale die zusätzlichen Kosten nicht kompensieren (Abbildung 38).

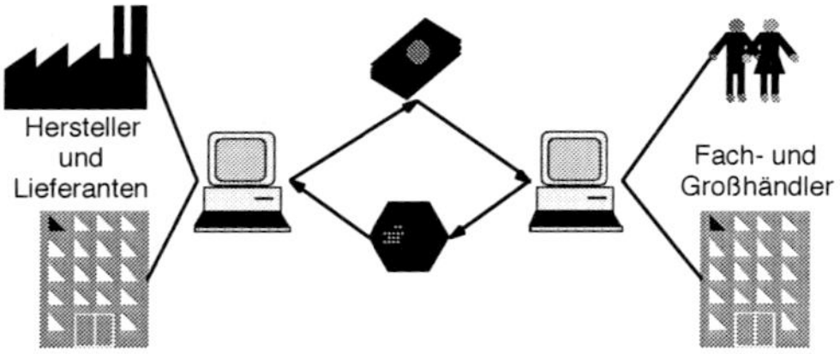

Abbildung 38 Netzwerk zwischen Herstellern/Lieferanten und Fach- und Großhändler mit Subvention

Die Höhe der Subvention kann beispielsweise an der Höhe des kalkulatorischen Zinssatzes angelehnt sein. In der vorliegenden Studie wurde mit einem Zinssatz in Höhe von 4% kalkuliert. Die auf den Entscheidungszeitpunkt t=0 diskontierten Einsparpotentiale können im Durchschnitt mit 14.636,58 DM beziffert werden (Formel 32), die Kosten für ein alternatives EDI-System betragen 53.920,04 DM (Formel 31). Bei einer 4%igen Verzinsung wäre eine Kompensationszahlung in Höhe von 41.441 DM nötig, damit der Einsatz eines EDI-Systems auf 5 Jahre Planungshorizont für Fachhändler lohnend wäre.

$$\frac{14636{,}58 + A}{53920{,}04} \overset{!}{=} 1{,}04$$

$$A \cong 41441 \text{ DM}$$

Formel 33 Ermittlung der Kompensationszahlung auf Basis des kalkulatorischen Zinssatzes auf fünf Jahre

Dieser Werte stellt, wie alle Zahlen dieser Untersuchung, keine zwingende Notwendigkeit dar, vielmehr soll gezeigt werden, daß die Kompensation einen erheblichen Anteil an dem Vorteilhaftigkeitskalkül einzelner Teilnehmer einnehmen kann.

Eine Form der Kompensationsleistung könnte die Übernahme der jährlichen Systembetreuungskosten durch die Lieferanten und Hersteller sein. Die Systembetreuungskosten stellen einen sehr großen jährlichen Kostenblock mit 9.000 DM dar und wären der Höhe nach ein geeigneter Ansatzpunkt für Kompensationsvereinbarungen. Um möglichst schnell eine Vielzahl von Fachhändler an das elektronische Netz anzubinden, wäre auch eine Stufenweise abnehmende Subvention denkbar, die eine frühe Implementierung begünstigt.

Weiterhin sollten die Lieferanten und Großhändler zur besseren Auslastung ihrer EDI-Systeme auch Zulieferer mit einbeziehen und somit einen schnelleren Informationsfluß innerhalb der gesamten Wertschöpfungskette ermöglichen.

C. Schluß

Diese Untersuchung zeigt aus spieltheoretischer Sicht, daß in einem Netzwerk mit dezentraler Koordination insgesamt suboptimale Entscheidungen bezüglich der Implementierung von kompatiblen Informations- und Kommunikationssystemen getroffen werden. Mit Hilfe der Spieltheorie werden unterschiedliche Entscheidungssituationen beschrieben und Ergebnisse abgeleitet. Zunächst werden die tendenziell einfacheren Fälle der statischen Betrachtung analysiert. Es zeigt sich bei vollständiger Information, daß die Akteure bei unterschiedlichen Parameterkonstellationen im Schnitt weniger häufig auf einen kompatiblen Standard wechseln, als dies aus zentraler Sicht der Fall ist. Es wird entweder das Gleichgewicht der beidseitigen Nichtstandardisierung oder Indifferenz erreicht, d.h. in keinem der möglichen Parametervariationen wird eine eindeutige Standardisierung vorgenommen. Die erreichten Zustände sind überwiegend (mit Ausnahme einer Parameterkonstellation) nach Pareto und Kaldor-Hicks effizient. Ein besonderer Fall liegt dann vor, wenn die potentiellen Einsparungen eines Akteurs dessen Kosten nicht decken und die Summe der Einsparpotentiale die Summe der Kosten überwiegt. Bei dieser Betrachtung wird bei dezentraler Koordination mit Sicherheit nicht standardisiert, obwohl es für das Gesamtnetz vorteilhaft wäre. Bei der statischen Analyse des Netzwerks mit n Akteuren unter unvollständiger Information wird besonders die Bedeutung der verwendeten Wahrscheinlichkeitsschätzer offensichtlich. Es wird der Schätz durch imitiertes Verhalten diskutiert und es werden daraus die Entscheidungskalküle der einzelnen Akteure entwickelt. Die Analyse dynamischer Entscheidungssituationen zeigt bei der Betrachtung eines Netzwerkes mit zwei Akteuren mit perfekter Information, daß solche Situationen in Form eines Spielbaums (extensiver Form) dargestellt und analysiert werden können. Die sich ergebenden (teilspielperfekten) Gleichgewichte machen deutlich, daß die Reihenfolge, in der die Akteure entscheiden, für das Ergebnis irrelevant ist. Im Vergleich zu der statischen Betrachtung wird bei dynamischen Entscheidungsprozessen etwas häufiger standardisiert, da das beobachtbare Verhalten des ersten Akteurs ein Signal für den zweiten Netzpartner darstellt und bindend wirken kann. Aus Gesamtsicht sind die Gleichgewichte allerdings größtenteils suboptimal. Die Analyse des zwei Personen Netzwerks unter imperfekter Information kann durch Darstellung in Normalform auf statische Entscheidungssituationen zurückgeführt werden und zeigt keine neuen Erkenntnisse bezüglich möglicher Gleichgewichte und Effizienzbeurteilungen.

Bei der Betrachtung des Netzwerks mit unvollständiger Information wird das zwei Personen Spiel um die Natur als dritten Spieler erweitert. Die Entscheidungssituation wird somit von einem Spiel mit unvollständiger Information in ein Spiel mit imperfekter Information bezüglich der Wahl der Natur überführt. Der erste Spieler (Natur) entscheidet über den Charakter des letzten Spielers, wobei diese Wahl für den zweiten Spieler nicht beobachtbar ist. Dieser macht sich ein Wahrscheinlichkeitsbild über die Eigenschaft des dritten Akteurs. Die Analyse zeigt, daß die Reihenfolge, in der die Akteure entscheiden, eine wesentliche Rolle bei der Gleichgewichtsfindung (Bayes-Nash-Gleichgewichte) spielt, sofern asymmetrische Nutzenverteilung vorliegt. Diese asymmetrische Informationsverteilung führt zu Effizienzverlusten im Vergleich zu statischen Situationen. Weiterhin läßt sich das *start-up* Problem erkennen, der erste Akteur hat eine zusätzliche Hemmschwelle, nicht zu standardisieren, um nicht zu späteren Zeitpunkten erkennen zu müssen, daß er eine Fehlinvestition getätigt hat. Trotz dieses Effekts kann es bei bestimmten Wahrscheinlichkeitsschätzungen dazu kommen, daß es zu einer einseitigen Standardisierung kommt. Dieses Ergebnis ist bei vollständiger Information nicht möglich.

Die für den *n* Personen Fall verallgemeinerte Untersuchung der dynamischen Entscheidungsfindung unter unvollständiger und imperfekter Information kann wiederum auf die statische Betrachtung des n-Personen-Netzwerkes zurückgeführt werden und ist von daher nicht gesondert zu betrachten.

Die Situation mit unvollständiger und perfekter Information im n-Personen-Netzwerk macht deutlich, daß sich im Lauf des Entscheidungsprozesses die Informationsmengen der jeweiligen Akteure entscheidend vergrößern. Da im unbegrenzten Netzwerk kein definitiv letzter Akteur existiert, kann keine spieltheoretische Analyse für den Mehrpersonenfall via Rückwärtsinduktion durchgeführt werden. Es werden die Entscheidungskalküle der Akteure in einem gemischt ganzzahligen Optimierungskalkül dargestellt, wobei von risikoneutralen Personen ausgegangen wird. Es wird ebenfalls deutlich, daß das Ergebnis von der Wahl des Wahrscheinlichkeitsschätzers entscheidend beeinflußt wird.

Die betrachteten Situationen zeigen alle, daß es aus Gesamtsicht stets zu ineffizienten Gleichgewichten kommen kann. Die wenigsten Parameterkonstellationen weisen ein eindeutiges Gleichgewicht in der beidseitigen Standardisierung auf. Bei asymmetrischer Nutzenverteilung wird bei keiner Betrachtung eine beidseitige Standardisierung erreicht, obwohl es (bei entsprechender Parameterwahl) aus Gesamtsicht optimal wäre. Durch geeignete Ausgleichszahlungen kann ein Anreiz geschaffen werden, daß beide Akteure "freiwillig" standardisieren. Die Ermittlung der Höhe der Ausgleichszahlung wird mit Hilfe eines netzweiten ROI mit entsprechender Umlage auf die einzelnen Akteure bewerkstelligt. Es soll damit eine "faire" Nutzenverteilung geschaffen werden. Das so erzielte Gleichgewicht bei statischer Betrachtung ist aus Gesamtsicht, nach Pareto und Kaldor-Hicks optimal und erfüllt somit die minimal geforderten Effizienzkriterien. Das sich für das zwei Personen Netzwerk ergebende Gleichgewicht ist allerdings nicht trambling-hand-perfekt, d.h. bei einer entsprechend hohen Irrtumswahrscheinlichkeit wird das Gleichgewicht instabil. Für Netzwerke mit n Personen wird die Lösung mittels einer zentralen Koordinationsinstanz diskutiert, die wiederum die netzweiten Erlöse über den ROI schlüsselt. Hierbei sind allerdings die Kosten für diesen zusätzlichen Akteur mit zu berücksichtigen.

Die empirische Untersuchung im letzten Kapitel macht am Beispiel des Kommunikationsstandards EDI deutlich, daß bei dynamischen Entscheidungen über den Einsatz von Informations- und Kommunikationssystemen nicht lohnenswerte Investitionen die Folge einer zu geringen Verbreitung sind. Die oft auch als kritische Masse bezeichnete Anzahl von Nutzern muß erst erreicht werden, bis sich ein System am Markt selbständig trägt. Es sollte eine rück- wie vorwärts gerichtete Kommunikationsbeziehung auf elektronischem Wege stattfinden, um die anfallenden Fixkosten auf möglichst viele Kommunikationskanäle zu verteilen.

Weitere nicht in dieser Untersuchung behandelte Aufgabenfelder sind die Analysen von Entscheidungssituationen, bei denen mehrere Standards zur Disposition stehen und die Akteure mehrfach über Informations- und Kommunikationssysteme dezentral entscheiden. Die entwickelten mathematischen Modelle könnten im Rahmen weiterer Analysen mittels computergestützter Simulationen Aufschluß über die Diffusion einer Technologie bei unterschiedlichen Netzgrößen geben.

Literaturverzeichnis

Aruka, Yuji: Avatamsaka Game Structure and It´s Design of Experiment, in: Working Paper Series, The Institute of Business Research Chuo University, Tokyo 2000.

Von Böventer, Edwin/Illing, Gerhard: Einführung in die Mikroökonomie, 8. Auflage, München; Wien 1995.

Buxmann, Peter: Standardisierung betrieblicher Informationssysteme, Diss. Frankfurt am Main, 1995.

Buxmann, Peter/König, Wolfgang: Ein Entscheidungsmodell zur Standardisierung von Schnittstellen in betrieblichen Informationssystemen, online: http://caladan.wiwi.uni-frankfurt.de/pbuxmann/wi_stand/0423wi.htm, [Stand 19.11.2000].

Buxmann, Peter/König, Wolfgang: Zwischenbetriebliche Kooperation auf Basis von SAP-Systemen, 1. Auflagen, Berlin; Heidelberg; New York 2000.

Buxmann, Peter/König, Wolfgang/Ladner, Frank/Weitzel, Tim: XML-Konzepte und Anwendungen der Extensible Markup Language, online: http://caladan.wiwi.uni-frankfurt.de/IWI/projectb3/deu/publikat/xml/index.htm, [Stand 18.11.2000].

Buxmann, Peter/König, Wolfgang/Son, Sertac/v. Westarp, Falk: Wirtschaftlichkeits-analyse von Kommunikationsstandards - eine Fallstudie am Beispiel von X.500 Directory Services mit der Siemens AG, SFB 403 AB-00-05.

Buxmann, Peter/König, Wolfgang/Weitzel, Tim: Auswirkung alternativer Koordinationsmechanismen auf die Auswahl von Kommunikationsstandards, online: http://www.wiwi.uni-frankfurt.de/~tweitzel/paper/ZfB.pdf, [Stand 18.11.2000].

Buxmann, Peter/König, Wolfgang/Weitzel, Tim/v. Westarp, Falk: Innovationen im Bereich der B2B-Kommunikation -Fallstudien und technische Lösungen zu WebEDI-, online: http://caladan.wiwi.uni-frankfurt.de/westarp/publ/B2Bcom/innov.pdf, [24.11.2000].

Buxmann, Peter/König, Wolfgang/Weitzel, Tim/v. Westarp, Falk: The Standardization Problem in Networks, online: http://caladan.wiwi.uni-frankfurt.de/westarp/publ/frame/frame.pdf, [Stand 18.11.2000].

Buxmann, Peter/König, Wolfgang/Weitzel, Tim/v. Westarp, Falk: The Status Quo And The Future Of EDI, online: http://caladan.wiwi.uni-frankfurt.de/westarp/publ/webedi/WebEDI.htm, [Stand 24.11.2000].

Buxmann, Peter/Kronenberg, Ralf/Ladner, Frank/Weitzel, Tim: Erfolgsfaktor Standard: Internet-basierte Kooperationen mit WebEDI und XML/EDI, online: http://caladan.wiwi.unifrankfurt.de/IWI/projectb3/deu/publikat/artikelwebedi/index.html, [Stand 18.11.2000].

Buxmann, Peter/u.a.: Entscheidung über betriebliche Standardsoftware - Die Migration des SAP-Systems bei der LSG, online: http://caladan.wiwi.uni-frankfurt.de/IWI/projectb3/deu/publikat/LSG/LSG.htm, [Stand 18.11.2000].

Diestel, Reinhard: Graphentheorie, 1. Auflage, Berlin; Heidelberg; New York u.a. 1996.

Dixit, Avinash K./Nalebuff, Barry J.: Spieltheorie für Einsteiger (Thinking Strategically. The Competitive Edge in Business, Politics, and Everyday Life). Deutsche Übersetzung der 1. Auflage von Christian Schütte, Stuttgart, 1995.

Feess, Eberhard: Mikroökonomie - Eine spieltheoretisch- und anwendungsorientierte Einführung, 2. Auflage, Marburg 2000.

Franke, Günter/Hax, Herbert: Finanzwirtschaft des Unternehmens und Kapitalmarkt, 3. Auflage, Berlin, Heidelberg, New York u.a. 1995.

Güth, Werner: Spieltheorie und ökonomische (Bei)Spiele, Berlin; Heidelberg; New York 1999.

Hart, Sergiu: Games in Extensive and Strategic Form, in: Aumann, Robert J./Hart, Sergiu: Handbook of Game Theory, Volume 1, 1. Auflage, Amsterdam 1992.

Hasenkamp, Ulrich/Stahlknecht, Peter: Einführung in die Wirtschaftsinformatik, 9. Auflage, Berlin; Heidelberg; New York u.a. 1999.

Holler, Manfred/Illing, Gerhard: Einführung in die Spieltheorie, 4. Auflage, Berlin; Heidelberg; New York 2000.

Liebowitz, Stan J./Margolis, Stephen E.: Winners, Losers & Microsoft, 1. Auflage, Oakland , California, 1999.

Luce, R. Duncan/Raiffa, Howard: Games and Decicions, 1. Auflage, New York, 1957.

Laux, Helmut: Entscheidungstheorie, 4. Auflage, Berlin; Heidelberg; New York u.a. 1998.

McKelvey, Richard D.: Computation of Equilibria in finite games, 1. Auflage, Minneapolist, Minnesota, 1996.

Morgenstern, Oskar/v. Neumann, John: Spieltheorie und wirtschaftliches Verhalten (Theory of Games and Economic Behavior). Deutsche Übersetzung der 3. Auflage von M. Leppig, Würzburg 1967.

Mycielski, Jan: Games with Perfect Information, in: Aumann, Robert J./Hart, Sergiu: Handbook of Game Theory, Volume 1, 1. Auflage, Amsterdam 1992.

o.V.: Noch kein Standard für elektronische Zahlungssysteme - Gemeinsame Initiative SET von Mastercard und VISA mit guten Chancen, Frankfurter Allgemeine Zeitung, Nr. 300, 28. Dezember 1998, S.21.

o.V.: E-Business-Projekte scheitern oft an der Messung des Erfolgs, Frankfurter Allgemeine Zeitung, Nr. 249, 26. Oktober 2000, S.31.

o.V.: EU-Kommision will klare Regeln im Internet, Frankfurter Allgemeine Zeitung, Nr. 30, 5. Februar 1998, S.18.

o.V.: Internet-Techniken bringen Lieferanten auf Trab, Frankfurter Allgemeine Zeitung, Nr. 19, 24. Januar 2000, S. 27.

o.V.: Mac vs. PC, online:
http://www.monkeybreadsoftware.de/christians-software/vergleich/vergleich.html, [Stand 19.11.2000].

o.V.: Microsoft Windows 2000 Apple MacOS, online:
http://www.ecliptic.ch/thu/Mac.html, [Stand 19.11.2000].

o.V.: Standards für Schnittstellen, Frankfurter Allgemeine Zeitung, Nr. 92, 21. April 1998, S. 20.

Picot, Arnold: Die Bedeutung von Standards in der Internet-Ökonomie, Frankfurter Allgemeine Zeitung, Nr. 267, 16. November 2000, S. 30.

Picot, Arnold: Die Transformation der Wirtschaft in der Informationsgesellschaft, Frankfurter Allgemeine Zeitung, Nr. 46, 24. Februar 2000, S. 29.

Regkugler, Heinz/Schindel, Volker: Entscheidungstheorie - Erklärung und Gestaltung betrieblicher Entscheidungen, 5. Auflage, München 1990.

Reiß, Winfried: Mikroökonomische Theorie, 2. Auflage, München; Wien 1992.

Schaeffer, Jonathan/Simon, Herbert S.: The Game of Chess, in: Aumann, Robert J./Hart, Sergiu: Handbook of Game Theory, Volume 1, 1. Auflage, Amsterdam 1992.

Schmidt, Holger: Die Spareffekte des Internet sind erst nach 5 Jahren sichtbar, Frankfurter Allgemeine Zeitung, Nr. 273, 23. November 2000, S. 30.

Schmidt, Reinhard H./Terberger, Eva: Grundzüge der Investitions- und Finanzierungstheorie, 4. Auflage, Wiesbaden 1997.

Schneck, Ottma: Lexikon der Betriebswirtschaft, 4. Auflage, München 2000.

Shapiro, Carl/Varian, Hal R.: Information rules - A Strategic Guide to the Network Economy, 1. Auflage, Boston 1999.

Varian, Hal R.: Grundzüge der Mikroökonomie (Intermediate Microeconomics). Deutsche Übersetzung der 2. Auflage von Reiner Buchegger, München; Wien; Oldenburg 1991.

Weitzel, Tim/Wendt, Oliver: Reconsidering Network Effect Theory, online: http://caladan.wiwi.uni-frankfurt.de/westarp/publ/recon/reconsidering.pdf, [Stand 18.11.2000].

Dipl.-Kfm.
Rainer B. Fladung

email rainer@rainer-fladung.de
URL http://www.rainer-fladung.de
http://www.is-frankfurt.de